WIRKSAMER EINFLUSS - INSPIRIEREND FÜHREN

Wie Sie die Macht der Beeinflussung nutzen. So motivieren Sie Menschen zu Höchstleistungen und entfesseln das volle Potenzial Ihrer Mitarbeiter

PAUL A. WYATT

INHALTSVERZEICHNIS

EINFÜHRUNG

Fällt Ihnen rückblickend ein Beispiel aus Ihrem Leben ein, bei dem Sie sich die unbegreifliche Fähigkeit gewünscht haben, andere zu beeinflussen? Die Sichtweise des Einzelnen mag sich unterscheiden, aber man kann mit Fug und Recht behaupten, dass Menschen danach streben, die notwendigen Eigenschaften zu erwerben, um erfolgreiche Führungskräfte zu werden. Es sind Ihr innerer Antrieb und Ihre Leidenschaft, die Sie – richtig kanalisiert –, erkennen lassen, wie wichtig Ambitionen in Ihrem Leben sind. Es mag viele Gegenstimmen zu diesem Gedanken geben, aber es ist nie zu spät, Vertrauen in sich selbst zu haben und ein neu entdecktes Ziel oder eine langgehegte Leidenschaft zu verfolgen. Warum stellen Sie sich also nicht vor, eine Führungsrolle zu übernehmen, und wenn Sie bereits eine Führungskraft sind, warum vergrößern Sie nicht Ihren Einfluss auf die bestmögliche Art und Weise?

Die Ära, in der wir leben, bietet grenzenlose Möglichkeiten, wobei es nur auf Ihre Intelligenz und Ihre Bemühungen ankommt, das zu erreichen, was Sie anstreben. Zweifellos klingt, dass ein wenig weit hergeholt. Aber was wäre, wenn ich Ihnen sagen würde, dass Sie alles in sich tragen, das nötig ist, um die erfolgreiche und einflussreiche Führungskraft zu werden, die Sie schon immer sein wollten? Die Antwort auf diese Frage wird in diesem Buch schrittweise offenbart. Macht ist ein Wort, das mit einer Menge Verantwortung verbunden ist. Macht bedeutet in erster Linie, dass die meisten Führungskräfte in der Lage sind, andere dazu zu bringen, sich an ihren Entscheidungen zu orientieren. Die Macht kann den Führungskräften und den Leitern der jeweiligen Gruppen oder Abteilungen zur Verfügung stehen. Eine Person, die einem beliebigen Sektor angehört, sei es der Regierung, einem Unternehmen, der Politik, der Wirtschaft, dem Sozialwesen oder einem anderen wichtigen Sektor, und die eine Führungsposition innehat, muss die Grundlagen verstehen, die eine einflussreiche Führungspersönlichkeit benötigt, um geliebt und respektiert zu werden und damit ihr vorwiegend viele Menschen folgen.

Von Königen über politische und soziale Führer bis zu Unternehmensleitern – seit Beginn der Zivilisation hat es keinen Mangel an Führungspersönlichkeiten gegeben. In den Köpfen vieler Menschen haben sich viele falsche Vorstellungen festgesetzt, wenn es um Führungsstärke geht. Manche assoziieren eine Führungspersönlichkeit mit Geld, andere mit Ruhm und viele mit Erfolg. Doch Reichtum und Ruhm allein sind nicht das, was eine Führungspersönlichkeit zu einer einflussreichen Führungspersönlichkeit macht. Es ist eine Tatsache, dass nicht viele die Aufmerksamkeit der Massen für eine lange Zeit erhalten können, und nicht jeder hat die Fähigkeit, einen starken Einfluss auf die Menschen im Allgemeinen auszuüben.

Jeder, insbesondere eine Führungskraft, muss in der Lage sein, auf Menschen zu wirken, wenn er Einfluss auf seine Teamkollegen, Mitarbeiter oder Zuhörer haben oder einfach nur neue Freunde gewinnen will. Viele Führungspersönlichkeiten haben eine große Anhängerschaft, aber es gelingt ihnen nicht, diesen Einfluss aufrechtzuerhalten, um die Menschen, um sie herum zu motivieren und ihnen einen wirksamen Weg aufzuzeigen. Wenn man die Macht des Geistes und die Kunst der Überzeugung nicht studiert, kann das auf dem Weg zur Verwirklichung der eigenen Hoffnungen und Ziele zu einer Reihe von Problemen führen. Der Druck, der sich um das Verständnis dieser Theorie aufbaut, kann eine gewaltige Aufgabe sein, die sich langfristig negativ auf das Selbstvertrauen einer Führungskraft auswirken kann. Ferner wird dies oft als einer der häufigsten Gründe für das Scheitern von Führungskräften angeführt.

Die Faustregel für Führungskräfte lautet nicht nur, dass sie niemals die Verbindung zu ihren Mitarbeitern verlieren sollten, sondern auch, dass sie niemals die geringste Chance darauf verstreichen lassen sollten, zu verstehen, wie wichtig es ist, das Vertrauen und den Glauben der Menschen an, sie zu gewinnen. Andernfalls könnten sie ihre Position in hohem Maße aufs Spiel setzen. Eine Führungskraft muss sich daher bewusst machen, wie wichtig es ist, mit anderen auf möglichst authentische Weise zu kommunizieren.

Eine Führungspersönlichkeit zu sein, egal, wie bedeutend sie ist, kann eine äußerst mühsame Aufgabe sein! Führungskräfte stehen immer unter der Beobachtung der übergeordneten Machthaber, der Menschen, die für Sie arbeiten, der Menschen, die Sie führen wollen, der Menschen, die gegen Ihre Ideologien sind, der Menschen, die Ihre Konkurrenz sind, und vieler anderer Teile der Gesellschaft. Ein einfacher Fehler kann Ihr Image zerstören. Deshalb sollten Sie sich in dem Bereich, dem Sie angehören, mit Bedacht einbringen, damit Sie sich einen Platz für sich selbst schaffen.

Eine einfache Frage, deren Antwort ein gesundes Bild des Themas vermittelt, über das wir hier debattieren, lautet: „Was hilft dabei, Veränderungen herbeizuführen?“ Die Antwort auf diese Frage, zusammen mit verschiedenen anderen Assoziationen, ist ein kräftiger Schubs in Richtung „Führung“! Ohne eine starke Führung ist es sehr schwierig, in einem Bereich etwas zu bewirken. Das Chaos und die Komplexität, die sich aus dem Fehlen einer angemessenen Vision und einer starken Führung durch eine Führungspersönlichkeit ergeben können, können sehr belastend sein. Das liegt daran, dass eine Führungspersönlichkeit die Fähigkeit haben muss, Probleme auf unvoreingenommene Art zu lösen, und dass sie in der Lage sein sollte, mit den Gedanken der zahlreichen Menschen umzugehen, die ihr folgen oder für sie arbeiten! Das erfordert ein hohes Maß an Einfluss!

Einflussnahme ist ein intensives Thema, mit dem man sich beschäftigen muss. Mit der Theorie sind verschiedene Konnotationen verbunden, manche positiv, manche negativ. Es geht darum, dass Menschen zu Recht Führungskräfte sein können. Einflussnahme gilt als eine Eigenschaft, die zu den dominierenden Merkmalen einer Führungsperson mit einer gewissen Autorität gehören sollte. Wenn Sie etwa eine Führungskraft in einem Unternehmen sind und ein neues Geschäftsfeld eröffnen wollen, müssen Sie zunächst Ihre Teamleiter und Mitarbeiter für Ihre Idee gewinnen. Die Ressourcen, die Sie möglicherweise benötigen, die Budgetzuweisungen, Genehmigungen, die Einstellung der Mitarbeiter usw. – auf jeden Aspekt muss Einfluss genommen werden, denn es ist fast unmöglich, Ihre Ideen zu verkaufen, wenn Sie nicht in den Köpfen Ihrer Zielgruppe angekommen sind! Darüber hinaus gibt es zahlreiche Herausforderungen, mit denen man als Führungskraft konfrontiert werden kann, und die größte von ihnen ist der regelmäßige Umgang mit den unterschiedlichsten Menschen. Das kann sehr schwierig werden und ist eine Frage des eigenen Einfühlungsvermögens. Um das Ziel zu erreichen, mehr und mehr Menschen zu beeinflussen, bedarf es einer Reihe von Strategien.

Einige der berühmtesten Führer und einflussreichen Persönlichkeiten, die sich im Laufe der Geschichte hervorgetan haben, sind: Martin Luther King Jr., Nelson Mandela, Abraham Lincoln, Mahatma Gandhi, Winston Churchill, Marie Curie, Henry Ford und andere. Diese Persönlichkeiten ließen sich nicht durch Demarkierungen und Grenzen einschränken. Sie erzielten gigantische Erfolge und prägten die Weltgeschichte in vielerlei Hinsicht. Einer der Gründe, aus denen sie so berühmt wurden, war, dass sie die Herzen der Menschen gewannen und damit die Messlatte für andere Persönlichkeiten ziemlich hoch legten.

Keine Grenze, keine Religion, keine Hautfarbe und kein Glaubensbekenntnis kann die Glaubwürdigkeit einer Führungspersönlichkeit beeinträchtigen. Wie kann man also seine Fähigkeiten verbessern, um eine Führungspersönlichkeit mit Goldstatus zu werden? Führungsaufgaben sind sehr dynamisch und können manchmal auch sehr anstrengend sein. Man darf weder die Kontrolle noch die Geduld verlieren, wenn man mit Menschen zu tun hat, für die man eine Führungskraft ist. Die Kommunikation und Vermarktung der eigenen Strategie erfordert viel Manipulation, was negativ klingen mag, aber viele verschiedene Aspekte hat. Vertrauenswürdigkeit muss Hand in Hand gehen mit der autoritären Rolle, die eine Führungskraft innehat. Um eine Gruppe von Menschen zu leiten, muss man in der Lage sein, seine Ideen an eine große Gruppe von Menschen zu vermarkten, und ja, sich zu verkaufen ist eine schwierige Aufgabe! Nehmen Sie sich einen Moment Zeit und denken Sie an ein Beispiel, wie das Wahlsystem in demokratischen Ländern. Wie schafft es eine einzige Person, zur mächtigsten Person im ganzen Land werden, indem sie an die Spitze der Regierungsordnung kommt? Auf welche Weise gelingt es den Führern, die Mehrheit der Menschen im Land davon zu überzeugen, zu ihren Gunsten abzustimmen? Jede Antwort wird auf die Rolle des Einflusses hinweisen!

Wenn Sie also Ihre Führungsqualitäten verbessern und als Fachkraft in einem Bereich wachsen wollen, müssen Sie das Konzept der Macht und den tief verwurzelten Aspekt des Einflusses verstehen. Es lohnt sich nicht, sich Ihren Selbstzweifeln hinzugeben. Vielmehr ist es an der Zeit, neue Fähigkeiten zu erlernen, um zu wachsen und alles zu verlernen, was Ihnen auf dem Weg zu einer erfolgreichen und einflussreichen Führungskraft im Wege steht. Jede Sekunde zählt, und die Mühe, die Sie sich machen, indem Sie den Anweisungen in diesem Buch folgen, wird Ihnen helfen, Ihren Traum zu verwirklichen, das Beste aus sich herauszuholen und vor allem eine Führungskraft zu werden, die von Grund auf mächtig und einflussreich ist!

KAPITEL 1:
DIE ROLLE DES EINFLUSSES IN DER FÜHRUNGSARBEIT

Wie oft waren Sie schon gezwungen, an langen und anstrengenden Sitzungen und Seminaren teilzunehmen, die von der Geschäftsleitung Ihres Arbeitsplatzes veranstaltet wurden? Wie oft haben Sie sich geärgert, dass Sie einen langweiligen Vortrag über sich ergehen lassen mussten? Wie oft haben Sie gedacht, dass es besser ist, motivierende Zitate per E-Mail zu erhalten, als sich persönlich mit Ihren Führungskräften zu treffen? Wie oft ist es Ihnen nicht gelungen, sich von Ihren Führungskräften inspirieren zu lassen, und Sie haben dennoch aus einer Angst heraus zustimmend mit dem Kopf genickt? Wie oft haben Sie sich vorgestellt, dass Sie mehr bewirken könnten, wenn Sie mehr Macht hätten, andere zu beeinflussen? Die Antwort auf diese Fragen variiert von Mensch zu Mensch und hängt auch davon ab, wie eine Führungskraft sein sollte, um ein solches Maß an Kontrolle und Einfluss auf das Publikum ausüben zu können. Tatsache ist jedoch, dass man in seinem Leben vielen Menschen begegnet, aber nur wenige den Eindruck machen, eine einflussreiche Führungspersönlichkeit zu sein. Führungsqualitäten müssen nicht immer mit hochrangigen Regierungsämtern, Konzerngiganten oder der Politik in Verbindung stehen. Auch eine Einzelperson kann eine Führungspersönlichkeit sein, die in der Lage ist, eine große Anzahl von Menschen zu beeinflussen und den Weg für Veränderungen zu ebnen.

Peter F. Drucker sagt in seinem Werk „Your Leadership is Unique" (zu Deutsch: „Ihre Führung ist einzigartig"): „Die einzige Definition einer Führungskraft bezeichnet jemanden, der Anhänger hat. Manche Menschen sind Denker. Manche sind Propheten. Beide Rollen sind wichtig und werden dringend benötigt. Aber ohne Gefolgschaft kann es keine Führungskräfte geben." Diese aufschlussreiche Aussage wirft ein Licht auf den Sinn und die Bedeutung der Führungsrolle. Es geht nicht um die hierarchische Position oder die prächtigen Auszeichnungen, die man besitzt. Es geht darum, die Aura und die Fähigkeiten einer Führungspersönlichkeit zu besitzen, die das Potenzial hat, einflussreich und mächtig zugleich zu sein.

Einfluss ist ein Konzept, das durch die Macht einer Person ausgelöst wird, das Verhalten eines anderen zu ändern. Wie Robert B. Cialdini in seinem Buch „Influence: the Psychology of Persuasion" (zu Deutsch: „Einfluss: die Psychologie der Überredung") schreibt, gibt es sechs wichtige Techniken, die bei der Beeinflussung von Menschen angewandt werden können, damit sie zustimmen oder besser gesagt, Ja sagen. Überredung ist eine Fähigkeit, die in die Grundsätze der Gegenseitigkeit, des sozialen Konsens, der Sympathie, der Beständigkeit, der Knappheit und des Engagements unterteilt werden kann. Es ist oft eine entmutigende Aufgabe, die erforderliche Zustimmung von Geschäftspartnern, Partnern, Kollegen, Familie und Freunden zu erhalten. Es gibt eine interessante Theorie, die besagt, dass die Existenz von Macht das Ergebnis des Einflusses einer abhängigen Beziehung ist.

Um die Fähigkeit zu erlangen, eine einflussreiche Ausstrahlung zu schaffen, brauchen Sie den Mut und die Entschlossenheit, etwas zu tun, das auf konstruktive Weise einen großen Einfluss auf den Geist der Menschen haben kann. Es stimmt auch, dass wir uns meistens nicht dessen bewusst sind, wie wir die Menschen um uns herum beeinflusst haben. Einflussnahme kann ansteckend sein. Als wir Kinder waren, sagten uns die meisten Älteren zum Beispiel, wir sollten uns nicht mit den einen, sondern eher mit den anderen Freunden einlassen. Außerdem betonten sie die Tatsache, dass wir auf eine bestimmte Art und Weise beeinflusst würden, die sie natürlich nicht guthießen. Das Konzept der Einflussnahme begegnet uns in unserem täglichen Leben schon seit Langem.

Führung kann nicht auf eine bestimmte Position oder einen bestimmten Status beschränkt werden. Sie kann mit unterschiedlichen Perspektiven definiert werden. In einem Unternehmen kann eine Führungskraft etwa der Leiter des Unternehmens sein, der auch der Gründer und die treibende Kraft hinter der Vision ist, oder ein ernannter CEO. In einer politischen Einrichtung ist der Leiter der Organisation die Führungskraft. Mit einfachen Worten: Jeder, der eine große Gruppe von Menschen führen kann, kann als Führer bezeichnet werden.

Eine Sache zu verteidigen, die es wert ist, dass man sich für sie einsetzt, eine Gruppe für den Erfolg zu mobilisieren und auch selbst als gutes Beispiel voranzugehen, sind einige der erwarteten Aktionen einer Führungspersönlichkeit. Wie Bill Gates sagte: „Wenn wir in das nächste Jahrhundert blicken, werden die Führungskräfte diejenigen sein, die andere befähigen." Man kann also sagen, dass der Begriff „Führung" von verschiedenen Menschen auf viele verschiedene Arten erklärt werden kann. Der Kernpunkt bleibt jedoch derselbe. Führungskräfte können erst dann erfolgreich sein, wenn sie die Kunst erlernt haben, andere zu beeinflussen.

Einfluss geht Hand in Hand mit Überredung und Gegenseitigkeit. Ist es nicht faszinierend genug, zu verstehen, welche Faktoren dazu führen, dass eine Person die Ideen oder Vorschläge eines anderen ohne das geringste Zögern bejaht? Dieses Maß an Zustimmung zu erreichen, kann oft wie eine unmögliche Aufgabe erscheinen. Was wäre, wenn ich Ihnen sagen würde, dass es auf die Art und Weise ankommt, wie Sie Einfluss nehmen, damit Sie Ihre Arbeit so erledigen können, wie Sie es wünschen? Bevor wir uns an die Arbeit machen, wollen wir einen Blick auf die verschiedenen Arten der Beeinflussung werfen und uns ansehen, wie effektiv sie sein können, wenn es darum geht, andere zu überzeugen.

Arten der Beeinflussung

Nicht jeder Mensch denkt auf die gleiche Weise. Wie sehr man sich auch anstrengt, es kann ziemlich viel Mühe kosten, seinen Einfluss als Führungskraft auf den Punkt zu bringen.

Rationale Beeinflussung

Ob in der Wirtschaft oder in einem anderen Bereich, die Logik ist das, was zählt. Eine Idee kann nicht nur auf dem Boden von Theorien entstehen. Sie muss pragmatisch sein und sich bei der Erreichung ihrer Ziele bewähren. Als Führungskraft kann eine rationale Herangehensweise dabei helfen, Ihre Punkte und Argumente transparent darzustellen, so, dass sie durch Fakten und nicht nur durch Gedanken gestützt sind. In der Kommunikation mit Ihren Anhängern sollten Sie mit Zuversicht und Klarheit auf die Maßnahmen hinweisen, die sich positiv auswirken können. Um die Meinung Ihrer Vorgesetzten, Kollegen und Mitarbeiter zu beeinflussen, müssen Sie die richtigen Überzeugungstechniken anwenden. Das dafür erforderliche Fingerspitzengefühl schließt den richtigen Gebrauch von Worten mit ein, der durch entsprechende konkrete Pläne unterstützt wird.

Inspirierende Beeinflussung

Es ist vorgeschrieben, dass Führungskräfte inspirierend sein sollten und es sich verdienen müssen, die Stimme ihrer Anhänger zu sein. Wenn die Gefolgschaft nicht mit Ihren Ideen mitgeht, kann der Weg zu einer erfolgreichen Führungskraft sehr mühsam sein. Von Ihnen als Führungskraft wird erwartet, dass Sie eine Wirkung auf Ihre Anhänger ausüben, die sie dazu bewegen kann, Veränderungen herbeizuführen. Bei dieser Wirkung geht es eher darum, eine Anziehungskraft zu erzeugen, oder besser gesagt, andere auf inspirierende Weise zu beeinflussen. Es geht darum, die Emotionen der Menschen so zu prägen, dass sie sich mit einer Situation verbunden fühlen können. Wenn es der Führungskraft gelingt, ihre Vision für die Zukunft auf motivierende Weise zu kommunizieren und den anderen verständlich zu machen, dann kann sie bei ihren Anhängern große Unterstützung und Begeisterung wecken. Eine der wichtigsten Möglichkeiten, wie sie als Führungskraft den zündenden Funken überwältigender Unterstützung für ihre Ideen auslösen können, besteht darin, sich selbst als Vorbild zu präsentieren. Ihr Verhalten, ihre Umgangsformen und ihre ethischen Grundsätze werden von allen in ihrem Umfeld immer genauestens überprüft werden. Wenn die Führungspersönlichkeit mit gutem Beispiel vorangeht und das Richtige tut, werden auch die anderen, die ihr folgen, inspiriert genug sein, sie zu unterstützen, um das gemeinsame Ziel langfristig zu erreichen.

Beratende Beeinflussung

Konsultationen und gesunde Diskussionen können maßgeblich zum Erreichen eines gemeinsamen Ziels beitragen. Das Einholen von Ratschlägen und Anregungen von Fachleuten kann auch helfen, die Herausforderungen zu verstehen, die mit einem Arbeitsplatz oder einem politischen Bereich verbunden sind. Die Ermutigung zur aktiven Beteiligung von Mitarbeitern an wichtigen Angelegenheiten kann ihnen einen Motivationsschub geben und so mehr Eifer für bessere Leistungen erzeugen. Beim Einsatz von Konsultationen als Mittel der Überzeugung müssen die Führungskräfte jedoch aufpassen, dass sie nicht manipulativ erscheinen. Es handelt sich um eine Beeinflussungstaktik, die schon seit vielen Jahren von Führungskräften in Spitzenpositionen eingesetzt wird.

Kooperative Beeinflussung

Die Technik der Beeinflussung durch Zusammenarbeit ist eine sehr wirksame Methode, um andere dazu zu bringen, in einer bestimmten Weise zu denken und zu handeln, ohne dies deutlich zu machen. Bei dieser Methode bitten Sie nicht um Unterstützung, sondern Sie sind da, um zu führen und zu helfen. Es handelt sich um einen psychologischen Trick, der am häufigsten in der abwärts gerichteten bzw. lateralen Struktur der Organisation eingesetzt wird. Die meisten Führungskräfte wenden diese Technik an. Sie stellen ihren Untergebenen die Ressourcen zur Verfügung, die sie für angemessen halten, und schlagen ihnen vor, entsprechend ihrer Anleitung zu handeln. Durch den Gedankenaustausch entsteht eine Atmosphäre des gegenseitigen Respekts, und der Führungskraft gelingt es so, die Meinung der anderen Mitarbeiter zu beeinflussen.

Daher spielt die Überzeugungsarbeit im Hinblick auf die Vision und die Ziele der Mission eine entscheidende Rolle für das reibungslose Funktionieren der Agenda einer Führungskraft. Führungspersönlichkeiten müssen einflussreich sein, und wenn sie das nicht sind, können sie nicht so erfolgreich werden wie einige der bekanntesten Führungspersönlichkeiten der Welt.

Macht verstehen

Macht ist ein starkes Wort mit zahlreichen Konnotationen, und es muss gründlich untersucht werden, inwiefern sie das Potenzial hat, Veränderungen in der Gesellschaft und in anderen untergeordneten Bereichen herbeizuführen. Macht in der Gesellschaft hängt meist mit dem Potenzial einer Persönlichkeit zusammen, die eine bedeutende Reform herbeiführen kann. Diese Führungspersönlichkeit ist in erster Linie auf die ihr zur Verfügung stehenden Ressourcen angewiesen, und diese Ressourcen stehen meist in Zusammenhang mit den sechs Grundlagen der Macht: Belohnung, Legitimation, Information, Zwang, Fachwissen und Identifikation. Die Art und Weise, wie sozialer Wandel vollzogen wird, die Dauer des Veränderungseffekts und die Art und Weise, wie

Macht aufgebaut wird, sind die bestimmenden Elemente dieser sechs Machtgrundlagen. Zwei der wichtigsten Grundlagen der Macht werden jedoch wie folgt berücksichtigt:

Formelle Macht

Die Position, die eine Person innehat, kann in direktem Verhältnis zum Umfang der ihr anvertrauten Macht stehen. Es ist eine Tatsache, dass mehrere Quellen zur Entstehung von formeller Macht führen. Einige dieser Quellen sind:

- Legitime Macht: In einer Organisation wird die Macht auf der höheren Ebene der hierarchischen Ordnung ausgeübt. Dies geschieht, um die vorherrschenden Ressourcen zu unterstützen und zu überwachen, damit die Vision und die Ziele erreicht werden können. Die legitime Macht wird also den obersten Beamten verliehen, die die volle Autorität haben, die Arbeit des Unternehmens und der Mitarbeiter im Allgemeinen zu überwachen. So sind etwa der Geschäftsführer oder der Vorstandsvorsitzende eines Unternehmens meist befugt, Mitarbeiter gemäß den jeweiligen Unternehmensnormen einzustellen und zu entlassen. Sie sind meist berechtigt, in der Businessclass zu reisen und in luxuriösen Hotels zu wohnen. Auch die Vorteile, die eine Person ganz legal aus ihrer Position zieht, können unter diese Kategorie von Macht fallen.

- Zwangsgewalt: Diese Art von Macht ist auch mit der legitimen Macht verbunden. Der Begriff „Zwang“ selbst bezeichnet eine Form der Einschüchterung und Bedrohung zur Erreichung eines bestimmten Ziels. In einer Organisation haben etwa die oberste Autorität oder die leitenden Angestellten die Möglichkeit, Mitarbeiter, die ihnen unterstellt sind, zurückzustufen und zu verwarnen. Diese Form der Macht hat einen eher negativen Beigeschmack und hat meist mit der Verhängung von Strafen oder der Abwendung von Strafen zu tun. Es wird dringend empfohlen, von dieser Befugnis mit äußerster Vorsicht Gebrauch zu machen. Negative Strafen wie die Verhängung von Suspendierungen, Kündigungen oder auch die Zuweisung falscher und unangenehmer Aufgaben können auf lange Sicht schwerwiegende Konsequenzen nach sich ziehen.

- Belohnungsmacht – eine Art von Macht, die Menschen und Gefolgsleuten Positivität und Motivation verleihen kann. Diese Macht gibt den Führungskräften und den Machthabern die höchste Autorität, ihre Angestellten zu belohnen. Belohnungen werden oft in Form von Gehaltserhöhungen, höheren Gehaltsstufen, Beförderungen, Anerkennungen, Lob und auch durch die Zuweisung wichtiger Aufgaben an fähige Personen gewährt. Diese Art von Macht hat allerdings ihre Grenzen, denn ein Übermaß an Lob und Auszeichnungen kann sich manchmal auf das Ziel auswirken und Menschen in den Wahnsinn treiben. Mit dem richtigen Urteilsvermögen und den richtigen Belohnungen können Führungskräfte jedoch den Weg ebnen, um ihre Gefolgsleute oder Angestellten in hohem Maße zu motivieren. Wertschätzung der Arbeit und positives Feedback können eine Person mehr ermutigen als formale Belohnungen. Mit einem Konzept zur Förderung des Teamgeistes und des Durchhaltevermögens kann eine Führungskraft das Team in kürzester Zeit auf ein hohes Leistungsniveau bringen.

Man kann also sagen, dass Macht mit einem gewissen Maß an Autorität und Verantwortung einhergeht. Mit legitimen Befugnissen in der Hand können Führungskräfte eine Ebene erreichen, die sowohl für ihre Karriere als auch für ihr Ansehen fruchtbar sein kann.

Informelle Macht

Informelle Macht ist die Macht, die eine Person durch Einflussnahme mithilfe von persönlichen Fähigkeiten, Wissen und Taktgefühl erreichen kann.

- Expertenmacht: Am Arbeitsplatz wird oft festgestellt, dass eine Person oder eine Gruppe von Personen als Experten bezeichnet werden, die von den Machthabern und den Beschäftigten im Allgemeinen viel um Rat gebeten werden. Es besteht die weitverbreitete Auffassung, dass sie über besondere Fähigkeiten verfügen, die sie in einem bestimmten Arbeitsbereich oder in allen damit zusammenhängenden Bereichen zu Experten machen. Die Macht, die diesen Personen übertragen wird, beruht auf ihrem überlegenen Fachwissen. Darüber hinaus besteht eine große Abhängigkeit von diesen Personen, was sie mächtiger macht als den Rest der Gruppe.

- Charismatische Macht: Die überschwängliche Macht der Persönlichkeit eines Individuums kann sehr einflussreich sein, wenn es darum geht, ein starkes Fundament für den Aufbau von Kommunikation zu legen, um mehr Anhänger zu gewinnen. Wenn Führungspersönlichkeiten sowohl über eine charismatische Ausstrahlung als auch über rhetorische Fähigkeiten verfügen, werden sie zwangsläufig eine große Gruppe eifriger Gefolgsleute anführen, was dem Gesamtziel sowie der Vision der Organisation und insbesondere der Führungspersönlichkeit zugutekommen kann. Letztlich ist es die Persönlichkeit der Führungskraft, die von den übrigen Menschen als Erstes wahrgenommen wird.

- Macht durch Identifikation: Diese Form der informellen Macht erfordert Ruhm und Aufmerksamkeit. Jede Person, die mit Film, Fernsehen, Sport, Musik und so weiter in Verbindung gebracht wird, hat ein großes Publikum. Die Reichweite über solche Medien ist vergleichsweise viel höher als über jedes andere Medium. Ihr Einfluss darf nicht unterschätzt werden, und solche Personen mit einer hohen Macht durch Identifikation verfügen über ein beträchtliches Potenzial für den Zugang zu Ressourcen und können eine große Wirkung auf die Menschen ausüben, die sie beeinflussen wollen.

Es wird daher davon ausgegangen, dass das Konzept der Macht verschiedene Arten von Taktiken erfordert, die die Machtgrundlagen in die angestrebten Ziele des Führers und anderer höherer Instanzen, die an dem komplexen Machtspiel beteiligt sind, umsetzen können.

Macht versus Einfluss

Es gibt eine Vielzahl von Definitionen von Führung und Macht, und ein gemeinsamer Faktor, der sich häufig in allen Erklärungen findet, ist die Rolle des Einflusses. Führung und Macht sind fast gleichbedeutend und die Abgrenzung zwischen beiden Begriffen ist sehr fein und neigt in vielen Fällen sogar dazu, mit Leichtigkeit zu verwischen. Macht und Einfluss sind zwei wesentliche Aspekte der Führung, aber wenn man sich die Feinheiten beider Aspekte genau anschaut, kann man sagen, dass sie auf unterschiedliche Weise funktionieren. Darüber hinaus ist festzustellen, dass beide gleich wichtig sind, um ein Vermächtnis der Führung zu schaffen.

Mit einfachen Worten: Mit Macht können Sie einen großen, drastischen Einfluss auf Ihre Gefolgsleute oder Angestellten ausüben. Wenn Sie etwa Ihre Anhänger nach ihrer Meinung fragen und diese sofort mit einem Nicken antworten, was bedeutet, dass sie zustimmen, dann kann das daran liegen, dass sie Ihre Position respektieren oder Angst haben, auf lange Sicht entlassen zu werden, wenn sie ihre ehrliche Meinung kundtun. Bei der Beeinflussung hingegen kann man nicht so direkt auf die Menschen einwirken. Man kann nur Einfluss nehmen, indem man ein Bewusstsein schafft, inspiriert und an den Verstand der Anhänger appelliert, um sie dazu zu veranlassen, einer Sache zuzustimmen.

Auch hier gibt es einige Unterschiede, die den schmalen Grat zwischen Macht und Einfluss markieren:

- Führungspersönlichkeiten, die Einfluss ausüben, haben mehr Erfolg als Machtpersönlichkeiten: Einfluss ist übertragbar und kann sich schnell wie ein Lauffeuer verbreiten. Führungspersönlichkeiten mit einflussreichem Auftreten werden von ihren Anhängern eher gemocht, da sie sympathischer und zugänglicher erscheinen als Führungspersönlichkeiten, die nur mit Macht ausgestattet sind. Inspiration ist der Schlüssel, um den Geist Ihrer Gefolgschaft zu entfachen. Jeder Mensch hat die Vorstellung, dass eine Führungskraft jemand ist, zu dem er aufschauen kann und nach dessen Vorbild er strebt. Motivation ist der Schlüsselgedanke bei der Umsetzung dieser Strategie. Es ist an den Führungskräften, auf subtile Weise mit ihren Anhängern zu verhandeln, ohne dass es wie eine Form von Zwang oder Manipulation aussieht, was bei Führungskräften, die sich nur durch Macht konstituieren, der Fall sein könnte.

- Die Interessen, die einflussreiche Führungspersönlichkeiten gemeinsam mit ihren Gefolgsleuten verfolgen, können dazu führen, dass sie deren Perspektive besser verstehen. Dies kann einen großen Einfluss auf ihren Gesamterfolg haben. Sie werden in der Lage sein, den Kern einer Situation bzw. eines Problems zu verstehen und entsprechend zu handeln, mit einer positiven Wirkung und vor allem mit der Unterstützung ihrer Gefolgschaft. Führungskräften, die nur macht orientiert sind, kann es hingegen unter Umständen nicht gelingen, die Motivation ihrer Mitarbeiter zu steigern. Sie haben eine strenge Arbeitsmoral, die sie dazu bringt, alles kontrollieren zu wollen, was oft zu einem Missbrauch ihres Einflusses führen kann. Die meisten macht gesteuerten Führungskräfte arbeiten mit der gezielten Ausübung von Kontrolle und mit Methoden zur Unterdrückung von Prozessen. Dies kann eine Atmosphäre der Angst unter den Angestellten schaffen, was ihre Gesamtproduktivität stark beeinträchtigen kann.

- Einfluss kann im Vergleich zu Macht in mehrerer Hinsicht stärker sein. Es geht um den Verstand und seine Kontrolle über die Emotionen und den gesamten psychologischen Aspekt des Menschen. Einflussreiche Führungskräfte wirken eher als Mentor; sie erreichen eine große Gruppe von Menschen, um sie zu ermutigen und eine positive Wirkung zu erzielen. Sie sind immer bereit dazu, Menschen für ihre Visionen und Ziele zu begeistern. Einflussorientierte Führungskräfte sind offene Menschen, die alle Arten von Feedback zu ihrer Rolle, Arbeit,

Position oder jeder anderen Situation, die von Belang sein könnte, annehmen.

- Einflussreiche Führungspersönlichkeiten sind Visionäre und glauben daran, dass sie den Menschen, mit denen sie zu tun haben, zu wahrer Größe verhelfen können. Sie schaffen eine Atmosphäre, die ihren Anhängern Sicherheit und Respekt vermittelt. Macht orientierten Führungspersönlichkeiten, die einfach dominieren und Befehle erteilen, gelingt es hingegen kaum, eine solch bereitwillige Unterstützung durch die Anhänger zu erreichen.

Es ist eine Tatsache, dass Einflussnahme für die Organisation oder die gegenwärtigen bzw. zukünftigen Ziele der Führungskraft vorteilhafter sein kann, aber es kann auch nicht geleugnet werden, dass Macht und Einflussnahme, wenn sie zusammen eingesetzt werden, eine drastische Veränderung in den Köpfen und im Verhalten der Menschen, die folgen, bewirken können. Die Kraft, die Macht ausübt, ist im Vergleich zur sanften und kontinuierlichen Eigenschaft der auf subtile Weise beeinflussenden Überzeugungsarbeit anstrengend. Einfluss kann ein entscheidender Faktor sein, wenn es um wichtige und riskante Entscheidungen geht. Es kann also davon ausgegangen werden, dass eine Führungskraft die Eigenschaften einer mächtigen und gleichzeitig sehr einflussreichen Führungskraft beherrschen sollte bzw. muss.

Als Führungskraft können Sie Ihre Bindung zu Ihrer Organisation und Ihren Untergebenen stärken, indem Sie taktvoll vorgehen. In einem Unternehmen und auch in jeder anderen Organisation benötigt eine Führungskraft sehr viel Macht. Mehr noch, es kann sogar erforderlich sein, Ihre Zuhörerschaft zu beeinflussen und in deren Köpfen etwas zu bewirken. Daher ist es eine kluge Entscheidung, sich Einfluss zu verschaffen, was Ihnen in vielerlei Hinsicht helfen wird.

Die meisten von uns haben sicher schon einmal Gemeinschaftsaktivitäten an ihren Arbeitsplätzen erlebt. Es gibt Zeiten, in denen einige der Aktivitäten extrem viel Spaß machen, und andere Zeiten, in denen sie eine überwältigende Erfahrung sein können. Wenn wir über die Gründe nachdenken, die uns dazu bringen, eine bestimmte Art von Aktivität abzulehnen, werden wir vielleicht feststellen, dass uns die meisten Aktivitäten, zu denen wir von höheren Instanzen gezwungen werden, irritieren. Es kann sein, dass der Zwang, der damit einhergeht, bei den Menschen Angstzustände und Unlust auslöst. Aber die Aktivitäten, an denen wir aus freien Stücken teilnehmen, können erfüllend und viel lohnender sein. Alles, was uns aufgezwungen wird, werden wir natürlich versuchen, abzuwehren, aber wenn wir wirklich motiviert sind, an etwas zu arbeiten, kann das kaum scheitern. Man geht davon aus, dass Inspiration und Einfluss über einen sehr langen Zeitraum bestehen bleiben und dass dieser Einfluss auf den Geist der Menschen von dauerhafter Natur ist.

Die Führungskräfte von heute sollten sich immer dessen bewusst sein, wie wichtig es ist, Macht und Einfluss in einer kombinierten Form einzusetzen. Sie sollten aus den Fehlern lernen, die einige Führer gemacht haben, indem sie die Handlungen ihrer Anhänger gewaltsam manipulierten. Führungskräfte sollten sich stets bewusst sein, dass sie nur durch Beeinflussung und Inspiration der Massen in der Lage sein werden, ihre Macht über einen längeren Zeitraum zu erhalten.

KAPITEL 2: DIE MACHT DES EINFLUSSES IN DER HEUTIGEN GESELLSCHAFT

Die Umgebung, in der wir uns befinden, spielt eine entscheidende Rolle bei der Bestimmung unserer Stimmung. Der Einfluss der Menschen um uns herum, seien es Freunde, Familie oder Kollegen, kann so subtil und gleichzeitig so stark sein, dass wir kaum merken, dass wir auf diese Weise beeinflusst werden. Betrachten Sie doch einmal die Umgebung, in der Sie aufgewachsen sind. Wurden Sie nicht von Ihrem Umfeld und den Freunden, mit denen Sie aufgewachsen sind, beeinflusst? Die Antwort lautet mit hoher Wahrscheinlichkeit „Ja". Wenn Sie genau hinschauen, werden Sie feststellen, dass Sie mit Menschen befreundet sind, die ähnliche Ziele und Vorlieben haben. Vielleicht ist es die Literatur, die Sie bevorzugen, oder die Filme, die Sie sich ansehen. Einfluss kann vielschichtig sein und eine ebenso komplexe Rolle bei der Gestaltung des eigenen Lebens spielen!

Die Hauptfrage besteht darin, ob die Einflüsse, mit denen Sie zu tun haben, ethisch vertretbar sind oder nicht. Vor allem in Führungspositionen sind Ethik und Einfluss wichtige und sehr bedeutende Faktoren. Cass R. Sunstein weist in seinem Buch „The Ethics of Influence" (zu Deutsch: „Die Ethik des Einflusses") darauf hin, dass es aus ethischer Sicht einen großen Unterschied zwischen Zwang und Einfluss gibt. Gewalt kann auf viele unethische Arten angewendet werden. Das Wort „Zwang" selbst ist schon ein wenig unethisch. Wenn Manager etwa Angestellte dazu zwingen, drei Tage am Stück zu arbeiten, tun sie dies oft, indem sie ihnen mit Entlassung drohen. In solchen Fällen werden die Mitarbeiter, um ihren Arbeitsplatz zu retten, zweifellos wie verlangt arbeiten. Dies geschieht im Sinne einer Beeinflussung durch Zwang; bei einer bloßen Beeinflussung hingegen ist das Szenario niemals so hart. Wie Cass R. Sustain hervorhebt, können Sie einem Bettler auf der Straße jederzeit die Herausgabe von Geld verweigern. Das ist Ihre Entscheidung, und alles, was der Bettler tun kann, ist zu versuchen, Sie in gewissem Maße zu beeinflussen. Mehrere Fälle wie dieser können einen Unterschied zwischen diesen beiden Konzepten bewirken. Bei näherer Betrachtung zeigt sich jedoch, dass die Ethik eine wichtige Rolle für die Führungsqualität einer Person spielt, die andere führen soll.

Ethisch korrekte Führung

Bei der ethisch korrekten Führung geht es um einen Verhaltenskodex, der aus beruflichen und moralischen Gesichtspunkten akzeptabel ist. Es ist wichtig, sowohl die negativen als auch die positiven Aspekte einer ethisch korrekten Führung zu untersuchen, um eine Grundlage für die Führungsqualität zu schaffen, die eine Führungskraft von heute auszeichnen sollte. Ethisch korrekte Führung und ihr Einfluss beruhen auf den folgenden wesentlichen Merkmalen:

Seien Sie ein Vorbild:

Unabhängig von der Epoche, der sie angehören, müssen Führungspersönlichkeiten die Fähigkeit haben, die Menschen zu inspirieren, indem sie selbst mit gutem Beispiel vorangehen. Sie sollten nicht nur redegewandt sein, sondern das, was sie predigen, auch in die Tat umsetzen können. Die meisten Menschen blicken hoffnungsvoll und voller Vertrauen zu ihren Führungspersönlichkeiten auf, aber wenn diese in den Augen ihrer Anhänger nicht bestehen können und sich auch nicht für ihr Volk einsetzen, bedeutet das auf lange Sicht einen großen Verlust. Eigenschaften wie Loyalität, Vertrauen, Ehrlichkeit usw. tragen alle zur positiven Gesamtausstrahlung der Führungskraft bei. Es ist eine Tatsache, dass sich die Menschen eher zu Führungspersönlichkeiten hingezogen fühlen, mit denen sie in Resonanz treten und denen sie zum Wohle ihrer Zukunft vertrauen können. Integrität und ethisch korrektes Verhalten können Führungskräften nicht nur in ihrem Berufsleben helfen, viele Kämpfe zu überstehen und zu gewinnen, sondern auch in ihrem Privatleben.

Kommunizieren Sie

Kommunikation ist die Grundlage für jede Art von Beziehung. Zahlreiche Konflikte in der Welt sind auf das Fehlen einer angemessenen Kommunikation oder auf Kommunikationsfehler zurückzuführen. Für eine Führungspersönlichkeit, die eine Vision hat und Veränderungen herbeiführen will, ist es sehr wichtig, in der Kommunikation mit ihren Anhängern präzise und klar zu sein. Menschen unterscheiden sich in ihrer Natur und ihren Verhaltensmustern. Manche Menschen bevorzugen die Kommunikation über Anrufe, E-Mails und Briefe bzw. heutzutage mehr über Text- und Sprachnachrichten. Es spielt keine Rolle, welches Medium die Menschen für ihre Kommunikation wählen. Entscheidend ist, wie und warum sie das Bedürfnis haben, zu kommunizieren. Mittels offener Gespräche können sich Führungskräfte ein transparentes Bild von ihren Anhängern machen. Sie werden mehr Verständnis für deren Probleme aufbringen und Feedback liefern. Der Aufbau von Beziehungen auf der Grundlage von Kommunikation kann ewig dauern. Wenn es den Führungskräften jedoch gelingt, mit ihren Anhängern auf ehrliche, faire, mitfühlende und vor allem respektvolle Weise zu kommunizieren, entsteht die Idee einer perfekten Welt mit guten Beziehungen zwischen Führungskraft und Anhängern.

Betonen Sie die Bedeutung der Ethik

Eine ethische Führungspersönlichkeit muss sich auf den entscheidenden Faktor der Anwendung ethischer Standards im Tagesgeschäft und anderen damit verbundenen Angelegenheiten konzentrieren. Ein angemessener Ethikkodex ist ein Muss, um in einem Unternehmen oder an einem Arbeitsplatz mit allen Rechten zu überleben. Ein faires und professionelles Umfeld kann nur erreicht werden, wenn die Rolle der Ethik bei der Gestaltung des charakterlich starken Fundaments einer Führungskraft sowie der gesamten Unternehmensstruktur betont wird.

Die Ethik des Einflusses für die ethisch korrekten Führungskräfte von heute

Die Ethik der Einflussnahme kann bei den heutigen Führungskräften nie außer Kraft gesetzt und muss mit Respekt und Reife befolgt werden. Wie und in welchem Ausmaß ethisch korrekte Führung Wirkung zeigen kann, lässt sich durch eine Vertiefung der folgenden Punkte verstehen:

- Führungspersönlichkeiten, die sich von einem Verhaltenskodex leiten lassen, helfen der Gesellschaft und ihren Anhängern auf unzählige Arten. In einer formellen Regierungs- oder Unternehmensstruktur muss eine Führungspersönlichkeit das allgemeine Wohlergehen ihrer Mitarbeiter, die ihr vertrauen und folgen, im Hinterkopf behalten.

- Sie müssen sich der Situation und der Probleme bewusst sein, die mit den Tätigkeiten der wichtigsten Personen, ihres Teams und der gesamten Organisation, die sie vertreten, zusammenhängen. Durch die Schaffung eines positiven Umfelds und den Aufbau einer guten Beziehung zu ihren Mitarbeitern können die Führungskräfte im Gegenzug auch mehr Unterstützung für sich selbst gewinnen.

- Die Schaffung eines Umfelds, das Positivität und Motivation fördert, ist eine wichtige Aufgabe einer ethisch korrekten Führungskraft. Die Menschen in einem Arbeitsbereich neigen zu hoher Produktivität, wenn der Zusammenhalt im Team und die Moral stimmen.

- Respekt ist einer der wichtigsten Aspekte bei der Pflege von Beziehungen, sei es im beruflichen oder im privaten Bereich. Keine zwei Menschen können gut miteinander kommunizieren, wenn kein Respekt zwischen ihnen herrscht. Eine Führungskraft muss dafür sorgen, dass ein produktives Arbeitsumfeld geschaffen wird, indem sie aufzeigt, auf welche Art es einer ethisch korrekten Organisation gelingt, auf ein gemeinsames Ziel hinzuarbeiten.

Der Harvard Business Review zufolge gibt es ein neues Modell für ethisch korrekte Führung, dass das Potenzial hat, der Gesellschaft als Ganzes einen größeren Nutzen zu bringen. Dieses neue Modell besagt, dass eine ethisch korrekte Führungspersönlichkeit nicht einfach nur eine Liste von Verboten erstellen sollte, sondern dass die Schaffung von Werten für die Gesellschaft Priorität haben sollte. Max H. Bazerman vertritt bei dieser utilitaristischen Theorie die Auffassung, dass philosophische Ideen mit dem Pragmatismus der Wirtschaftsethik verschmolzen werden sollten, sodass zahlreiche Managementaufgaben auf pragmatische und zugleich ethisch vertretbare Weise ausgeführt werden können. Um diese Idee zum Erfolg zu führen, sollten die beteiligten Führungskräfte jedoch kognitive Maßnahmen ergreifen, um zu prüfen, ob es eine Form von Hindernissen gibt, die die Menschen in den Führungsetagen oder höheren Machtpositionen daran hindern, ethisch vertretbare Entscheidungen zu treffen.

Laut einer Veröffentlichung der Villanova University gibt es ein Modell, das mit der Idee der ethisch korrekten Führung übereinstimmt. Dieses Modell umfasst Werte, Vision, Stimme und Tugenden, die vier Hauptmerkmale, die eine starke, vor allem aber ethisch korrekte Führungskraft ausmachen. Durch den Einsatz von intuitiven und abwägenden Theorien und Denkprozessen können Führungskräfte, die einen ethisch korrekten Ansatz verfolgen, auf lange Sicht viel verantwortungsvoller arbeiten.

Die transformative Führungskraft

Führung lässt sich nicht nur auf eine bestimmte Art beschränken. In der Welt, in der wir leben, gibt es zahlreiche Arten von Führungskräften. Bei manchen Führungspersönlichkeiten geht es vor allem um Motivation und Tatkraft, während andere sich durch das Eingehen von Risiken und das Annehmen von Herausforderungen auf ein höheres Niveau begeben. Was auch immer ihr Stil sein mag, ein Merkmal, das allen gemeinsam ist, ist die Fähigkeit, zu inspirieren und einen bemerkenswerten Wandel in dem Bereich herbeizuführen, in dem der Wandel am meisten benötigt wird.

Das digitale Zeitalter hat für die meisten Organisationen in Bezug auf ihre Funktionsweise eine Reihe neuer Aspekte mit sich gebracht. Die transformative Führung ist eine der am meisten diskutierten Formen der Führung, die in den vergangenen Jahren in den Vordergrund gerückt sind. Transformative Führungskräfte sind diejenigen, die in der Hoffnung und in dem Bestreben führen, sinnvolle Veränderungen herbeizuführen. Motivation ist der Schlüssel, um die Belegschaft eines Unternehmens dazu zu bringen, sich zu beteiligen, und genau das ist das Ziel einer transformativen Führung. Die transformative Führung wird auch als ein wichtiger Aspekt des „Full Range Leadership Model“ angesehen.

Der Führungstheoretiker und Präsidenten-Biograf James MacGregor Burns definierte das Wesen der transformativen Führung im Jahr 1978. Er erläuterte, wie sich Führungskräfte und ihre Gefolgsleute in bestimmten Situationen gegenseitig unterstützen und auf das Erreichen von gemeinsam angestrebten Zielen und Erfolgen hinarbeiten. Viele Theorien besagen, dass die Bezeichnung „Führungskraft“ durch die „Geführten“ verliehen wird. Unter den vielen Theorien, die sich auf die transformative Führung stützen, ist die Theorie von Bernard M. Bass die am weitesten verbreitete. In seiner Theorie sagt er, dass erfolgreiche transformative Führungskräfte bewertet werden sollten, oder besser gesagt, ihre Fähigkeiten sollten anhand der Auswirkungen gemessen werden, die sie auf ihre Anhänger haben. Die selbstlosen Handlungen der Führungspersönlichkeiten, die gemeinsam mit den Gefolgsleuten ausharren, können zwischen den beteiligten Parteien ein Gefühl des gegenseitigen Vertrauens, des Respekts und der Loyalität fördern. Transformative Führungskräfte müssen fesselnd genug sein, um ihr Team auf lange Sicht zusammenzuhalten.

In seinem Artikel „Lincoln – the Transformational Leader“ (zu Deutsch: „Lincoln – der transformative Führer“) befasst sich Gordon Leidner mit der amerikanischen Geschichte im Hinblick auf die Führungsqualitäten von Abraham Lincoln, dem 16. Präsident der Vereinigten Staaten von Amerika. Zwar gibt es weltweit zahlreiche Arbeiten über Lincoln, aber nur wenige wurden auf der Grundlage einer modernen Führungstheorie verfasst, die sich um eine Analyse der Führungsqualitäten von Lincoln bemüht.

Um die transformative Führung von Lincoln zu bewerten, wurden drei seiner Fähigkeiten untersucht und gemessen:

- das Maß an Vertrauen, Respekt und Loyalität, das Lincoln von seinen Anhängern entgegengebracht wurde,
- wie er seine Anhänger dazu inspirierte und motivierte, selbst in den schwierigsten Zeiten große Opfer zu bringen,
- wie er seine Anhänger ethisch beeinflusste, damit sie einen Sinn für hohe Moral bewahren.

Die Potomac-Armee dokumentierte die Meinungen ihrer Soldaten über Lincoln in Form von Briefen und Schriften, die auch heute noch existieren. Die meisten dieser Briefe der Soldaten waren an ihre Angehörigen, wie Familie und Freunde, gerichtet. Bei näherer Betrachtung kann man feststellen, dass die Meinungen, die sie über Lincoln äußerten, echt waren und von Herzen kamen. Lincoln war eine Führungspersönlichkeit, zu der die Menschen aufschauten, und so hatte er eine große Schar von Anhängern, die ihn bei der Verwirklichung ihrer gemeinsamen Ziele unterstützten.

Der Autor William C. Davis ist überzeugt, dass Lincoln eine große Initiative ergriff, um in engem Kontakt mit den Soldaten zu bleiben. Da er bereits als Freiwilliger im Black-Hawk-Krieg gedient hatte, war er mit den Gepflogenheiten der Armee und ihren hierarchischen Ansätzen vertraut. Er hatte die Kämpfe dieser Soldaten aus nächster Nähe miterlebt und konnte sich daher in die Probleme der Soldaten einfühlen. Der Punkt hierbei ist, dass eine Führungspersönlichkeit auch auf die kleinsten Details der Probleme, mit denen sie konfrontiert ist, eingehen muss, wenn sie einen bedeutenden Wandel und eine Welle positiven Einflusses in den Köpfen ihrer Anhänger bewirken will.

William Seward, Außenminister, zitierte Lincoln mit den Worten: „Es gab nie einen Mann, der so zugänglich war, sowohl für die richtigen als auch für die falschen Leute.“ Das bringt die Sache auf den Punkt! Lincolns Engagement für die Belange der in Not geratenen Soldaten ist nur ein Beispiel dafür, wie eine transformative Führungspersönlichkeit handeln sollte. Durch die sympathische und zugängliche Haltung des Präsidenten wurden immer mehr Menschen von seiner Ausstrahlung angezogen.

Eine Frage, die sich an dieser Stelle stellt, ist: Welches sind die wesentlichen Gewohnheiten, die sich Führungskräfte aneignen müssen, um erfolgreiche transformative Führungskräfte zu werden? Hier sind einige Eigenschaften, die für Führungskräfte unerlässlich sind, um bemerkenswerte Veränderungen herbeizuführen:

Selbsterkenntnis

Die Reflexion über die eigenen Stärken und Schwächen kann einer Person helfen, ein tiefes Gefühl der Selbsterkenntnis zu erlangen. Die wichtigste Eigenschaft von transformativen Führungskräften ist es, sich auf das allgemeine Wachstum der Organisation oder des Teams, mit dem sie zusammenarbeiten, zu konzentrieren und sich dabei ständig selbst zu verbessern. Unscheinbare Gewohnheiten, wie das Setzen von Tageszielen, können nichtig erscheinen, sind aber genau die Praktiken, die den Führungskräften helfen können, zu planen und sich auf ihre Hauptziele zu konzentrieren. Der Lerneifer und die Leidenschaft dafür, das Beste aus den unternommenen Anstrengungen herauszuholen, sind einige der wichtigsten Eigenschaften, die eine Führungskraft besitzen muss, um eine positive Reform herbeizuführen.

Managementfähigkeiten

Managementfähigkeiten sind eine Voraussetzung für die Rolle als Führungskraft, ganz gleich in welchem Bereich. Sie sollten entscheidungsfreudig sein, aber auch in der Lage, sich in die Gedanken ihrer Mitarbeiter und Kollegen hineinzuversetzen. Sie sollten autark sein und mit einem Minimum an äußerem Einfluss arbeiten können. Um einen Wandel herbeizuführen, muss eine Führungspersönlichkeit einfühlsam und gleichzeitig geschickt genug sein, um das Team oder die Gefolgschaft fest im Griff zu haben.

Visionär

Jede Führungskraft muss ein Visionär mit genauen Zielen sein. Transformative Führungskräfte müssen in der Lage sein, ihre Mitarbeiter zu motivieren, indem sie sie mit ihren Ideen und ihrer Vision für die Organisation beeinflussen. Sie sollten Begeisterung verbreiten und eine Atmosphäre der Unterstützung und Inspiration unter den Anhängern schaffen. Ohne eine Reihe von Plänen oder eine richtige Vision kann kein Ziel erreicht werden. Transformative Führungskräfte müssen sich der Ernsthaftigkeit ihrer Ziele bewusst sein und mit voller Hingabe darauf hinarbeiten.

Innovativ

Innovation ist der Schlüssel zu einem echten Wandel. Ohne über den Tellerrand hinauszuschauen, kann niemand einen neuen Weg zum Erfolg entdecken. Führungspersönlichkeiten, die einen Wandel herbeiführen, können nur dann etwas verändern, wenn sie vor Ideen für ein erreichbares Wachstum strotzen. Sie sollten vorausschauend denken und sich nicht scheuen, ein Risiko einzugehen, um gut recherchierte Strategien auszuprobieren.

Es zeigt sich also, dass transformative Führungspersönlichkeiten in der Lage sind, einen Wandel in der regulären Unternehmensdynamik herbeizuführen und ihren Weg zum Erfolg durch kontinuierliches Lernen und die Zusammenarbeit mit ihren Mitarbeitern zu markieren.

Transformative Führungskräfte sind Visionäre, die eine erfolgreiche Zukunft anstreben. Sie setzen zahlreiche Techniken und Strategien ein, um ihr Unternehmen in eine Richtung zu lenken, die zu fruchtbaren Ergebnissen führt. Sie setzen auch Ideen ein, durch die sie im Wettbewerb die Nase vorn haben. Sie sind bekannt für ihre Anpassungsfähigkeit, die sie auch in den schwierigsten Stunden in Bewegung hält.

Führer zeitgenössischen Denkens

Die heutige Zeit ist geprägt von der einflussreichen Rolle der sogenannten Millennials und seit Kurzem auch der Generation Z. Der technologische Fortschritt hat ihren Horizont so weit erweitert, dass es heutzutage schwierig ist, jemanden zu finden, der kein Mobiltelefon in der Hand hält! Angesichts der sichtbaren Veränderungen in der Lebensweise und der weiten Verbreitung des Internets kann man davon ausgehen, dass das digitale Zeitalter in vollem Gange ist.

Die meisten von uns kennen natürlich alle verfügbaren sozialen Plattformen und sind bis zu einem gewissen Grad auch begeisterte Follower und Nutzer. In letzter Zeit hat es im Bereich der sozialen Medien und anderer Internetmedien einen Zustrom von „Influencern“ gegeben. Die größten Marken und Unternehmen der Welt haben ebenfalls eine Grundlage dafür geschaffen, reibungslose Beziehungen zu einigen der prominentesten Influencer des digitalen Marktes aufzubauen. Anpassungsfähigkeit ist eine Tugend, und in Zeiten, in denen sich die Struktur und die Funktionsweise von Personengruppen auf der ganzen Welt verändern, ist sie umso mehr gefragt.

Wenn man über Generationen spricht, muss man beachten, dass sich die Generation Z in Bezug auf ihre Einstellungen und Meinungen stark von den Millennials unterscheidet. Dennoch sind beide die Personengruppen, die dazu beitragen, ein modernes Muster der Meinungsführung zum Tragen zu bringen. Es gibt mehrere Gründe, warum Influencer als effektiver angesehen werden als eine konventionelle Art, eine Gruppe von Menschen zu führen. Alle Influencer sind auf ihre Weise Führer. Sie wissen, wie sie mit Menschenmassen umgehen müssen, um mehr Aufmerksamkeit zu erlangen. Die verschiedenen trendigen Social-Media-Anwendungen und -Seiten wie Twitter, Instagram, Facebook, YouTube und sogar Pinterest usw. haben zweifellos zu einem sprunghaften Anstieg von Personen geführt, die als Influencer bezeichnet werden.

Die Macht des Einflusses beruht auf einer Energie, die durch die Reaktionen und Kommentare der Menschen gespeist wird. Diese Logik wird in solchen Internet-Medien in einer sehr kognitiven Weise genutzt, um eine Basis von Influencern zu schaffen. In den vergangenen Jahren hat das Internet einen revolutionären Wandel erlebt. Die meisten Menschen ziehen es nicht mehr vor, Zeitungen zu lesen, sie kaufen Produkte lieber online, als in ein Geschäft zu gehen, und sie folgen lieber einer Person, zu der sie einen Bezug haben, wenn es um Mode- oder Make-up-Tipps geht, als sich eine Werbung mit einem Hollywood-Star anzusehen, der unerreichbare Schönheitsstandards vorgibt. Die tiefgreifende Verbindung, die dafür sorgt, dass die Gedanken der Follower mit den Ideen der Influencer übereinstimmen, ist das Gefühl der Vertrautheit.

Moderne Influencer werden oft als Social-Media-Berühmtheiten oder -Stars bezeichnet, weil ihre Popularität enorm groß sein kann! Digitales Marketing ist einer der Bereiche, in denen solche Influencer eine umwerfende Rolle spielen, was surreal erscheint, aber wahr ist.

Alle paar Sekunden hat ein Mensch Zugang zum Internet und sieht dort eine Form von Marketing, ob auf subtile oder direkte Weise. Die Influencer von heute haben sich in ihren jeweiligen Bereichen eine eigene Nische geschaffen und verfügen über ähnliche Follower. Es wird davon ausgegangen, dass sie auch das Potenzial haben, Ihre Produktkampagne mit einem einzigen Beitrag, den sie teilen, zum Erfolg oder Misserfolg zu führen. Laut Forbes sind Mikro-Influencer die Zukunft der Marketingbranche. Diese Influencer haben in der Regel 1.000 bis 100.000 Follower und nutzen in erster Linie die gängigen Social-Media-Plattformen.

Bei jeder Form von Führung spielen Einfluss und Zugänglichkeit eine große Rolle. Die Tatsache, dass die meisten modernen Influencer für die ganze Welt zugänglich sind, macht sie erfolgreich, doch manchmal auch anfällig für Probleme. Sie haben zwar die Fähigkeit, mit ihren Nischeninhalten einen Großteil der Menschen zu beeinflussen, aber gleichzeitig lauern im Internet auch Schurken, die auf Dauer mehr Schaden anrichten als Nutzen bringen können. Durch zu viel Druck seitens der Marken verlieren manche Influencer auf Dauer ihre Authentizität. Zahlreiche Mode- und Kosmetik-Influencer neigen dazu, nach den Vorgaben einer Marke zu arbeiten, was, wenn es nicht auf subtile Weise geschieht, dazu führen kann, dass sie viele ihrer Follower verlieren, weil ein Gefühl der Manipulation entsteht.

Letzten Endes spielt es keine Rolle, wie berühmt man ist. Die Rolle einer Führungspersönlichkeit kann viele Herausforderungen mit sich bringen, aber mit den richtigen Entscheidungen und dem richtigen Einfluss kann man eine echte Führungspersönlichkeit werden, die massive positive Reformen im Unternehmen, in der Gemeinschaft und in der Gesellschaft bewirken kann.

KAPITEL 3:
WIE SIE IHREN EINFLUSS AUSBAUEN

Halten wir einmal kurz inne und überlegen wir uns, welche Eigenschaft einer Führungspersönlichkeit als die wesentlichste angesehen werden kann. Es liegt auf der Hand, dass jeder eine andere Antwort geben wird, aber es lässt sich auch nicht leugnen, dass Einfluss ein wichtiger Faktor ist, der eine Führungspersönlichkeit auf ein insgesamt höheres Niveau heben kann. Einfluss kann verschiedene Konnotationen haben. Viele würden im Allgemeinen annehmen, dass es sich dabei um einen Faktor handelt, der eine Menge Intrigen und negative Manipulationen erfordert. Das ist zwar nicht ganz von der Hand zu weisen, aber es gibt einige Schlüsselstrategien, die in ihrer Kombination dazu führen, dass man als starke Führungskraft die Fähigkeit zur Beeinflussung anderer beherrscht.

Es ist ziemlich schwierig, Führung auf eine bestimmte Art von Rolle oder Titel zu reduzieren. Der Vorstandsvorsitzende eines Unternehmens, der Schulleiter eines Gymnasiums, der Teamleiter, der Abteilungsleiter, der Leiter einer Regierungsbehörde usw. – alle Personen in diesen Positionen können als Führungskräfte bezeichnet werden. Es ist jedoch ihre Fähigkeit, Einfluss auf ihre Kunden, Lieferanten, Angestellten und Kollegen zu gewinnen, die ihnen den Weg zu beruflichem Ansehen und Respekt ebnet.

Beeinflussungsfähigkeiten

Die Fähigkeit, Einfluss zu nehmen, ist die Fähigkeit, die Sie in einer Welt mit viel Wettbewerb erfolgreich macht. Es ist die Fähigkeit, mit der Sie andere überzeugen und dazu bringen können, sich Ihren Ideen und Anweisungen entsprechend zu verhalten. Diese Fähigkeit muss nicht unbedingt auf aggressive Weise eingesetzt werden, um Untergebenen Autorität aufzuzwingen, sondern es geht vielmehr darum, wie Sie durch einen subtilen Ansatz andere motivieren und sich in ihren Köpfen festsetzen können. Um dies näher zu erläutern, möchten wir einige wirksame Strategien vorstellen, die einer Führungskraft den Weg ebnen können, um auf lange Sicht noch einflussreicher zu werden.

Drei Schlüssel zur Beeinflussung von Menschen

Einem Artikel des Center for Creative Leadership zufolge lassen sich die wichtigsten Taktiken, die als am vorteilhaftesten für die Beeinflussung angesehen werden, in drei Hauptkategorien unterteilen, die entweder Kopf, Herz oder Hände nutzen. Widmen wir uns den Details:

Appell an die Logik (Kopf)

Dies ist die erste Schlüsseltaktik zur Beeinflussung. Der Kopf steht für die intellektuellen und rationalen Faktoren einer menschlichen Persönlichkeit. Es ist der Verstand, der einem hilft, eine logische Entscheidung zu treffen oder ein wirksames Argument zu formulieren, das auf persönlichen oder beruflichen Vorteilen beruht. Führungskräfte müssen in der Lage sein, die Gedanken ihrer Angestellten oder Anhänger zu verstehen. Es kann eine ziemlich entmutigende Aufgabe sein, die Gedanken der Menschen zu manipulieren, ohne eine logische Erklärung für eine Idee, eine Methode oder eine Vision zu liefern, an der als kollektives Ziel gearbeitet werden muss. Daher werden Führungspersönlichkeiten nicht als solche angesehen, wenn sie nur großmütige Ziele versprechen, sondern sie werden respektiert, wenn sie ihren Anhängern einen transparenten Ansatz mit stichhaltigen Argumenten vorlegen. Überzeugungsarbeit lässt sich am besten leisten, wenn sie mit rationalen Schlussfolgerungen untermauert wird.

Appell an die Emotionen (Herz)

Die meisten Menschen sind von Natur aus recht gefühlsbetont, und bei schwerwiegenden Entscheidungen überstimmt oft das Herz den Verstand. Ein Appell an die Emotionen hat eine stärkere Wirkung, als man sich vorstellen kann. Deshalb müssen Führungskräfte in der Lage sein, mit ihren Anhängern zu kommunizieren und dabei die richtigen Emotionen anzusprechen. Die Fähigkeit, eine Idee oder eine Zielstrategie zu vermitteln, indem man mit den beteiligten Personen kommuniziert und die Idee nachvollziehbar und wertvoll macht, ist das, worauf eine Führungskraft immer achten sollte. Eine Verbindung zu den Menschen herzustellen, von Herz zu Herz, kann eine Führungskraft menschlicher erscheinen lassen und der Gefolgschaft das Gefühl geben, dass sich die Führungskraft ihrer Realität bewusst ist. Dieses Gefühl der Zugehörigkeit kann ein hervorragender Faktor sein, der den Führungskräften hilft, die wirklichen Probleme und Gedanken ihrer Untergebenen zu verstehen. Zweifelsohne kann die positive Ausstrahlung einer Führungspersönlichkeit, die ihren Anhängern zu Diensten steht, immer mehr und vor allem aufrichtige Gefolgsleute anziehen.

Appell an die Zusammenarbeit (Hände)

Eine erfolgreiche Führungskraft wird immer für die Vorteile der Zusammenarbeit einstehen. Eine Führungspersönlichkeit kann niemals allein ohne die Unterstützung ihrer Untergebenen und Anhänger funktionieren. Die Konsultation und die Zusammenarbeit zwischen der Führungskraft und ihren Verbündeten sind es, die ein weitreichendes Gefühl der Glaubwürdigkeit vermitteln. Eine Führungspersönlichkeit sollte niemals den Intellekt ihrer Gefolgschaft infrage stellen oder diese als selbstverständlich ansehen. Gegenseitiger Respekt und ein Gefühl der Kameradschaft können immer dafür sorgen, dass die Führungskraft Unterstützung erhält. Indem sie anderen eine helfende Hand reichen, können Führungskräfte eine positive Atmosphäre schaffen, die ihnen mehr Erfolg bei der Einflussnahme bringt.

Wichtige Einflussfaktoren

Zu den oben genannten drei Kategorien von Taktiken kommen noch weitere hinzu. Ohne die richtigen Strategien ist es nicht möglich, einen Plan umzusetzen. In diesem Fall stellt sich für eine angehende Führungskraft zwangsläufig die Frage, wie diese Taktiktheorien überhaupt angewendet werden können. Um die Antwort zu vereinfachen und verständlicher zu machen, finden Sie hier eine Liste mit sieben wichtigen Ansätzen, die von Führungskräften oder solchen, die es werden wollen, verwendet werden können, um Macht und Einfluss zu gewinnen und das gewünschte Ziel zu erreichen:

Strategische Beeinflussung

Jede Anstrengung, die ohne gültige und funktionale Strategien unternommen wird, birgt immer das Risiko, dass sich versteckte Schlupflöcher entwickeln. Strategische Einflussnahme ist eine Technik, die von einer Führungskraft eingesetzt werden kann, um Verbindungen, Beziehungen, Glaubwürdigkeit, Fähigkeiten und sogar die erforderliche Infrastruktur aufzubauen, damit zukünftige Ziele erreicht werden. Dieser Führungsstil kann nicht nur in der Geschäftswelt und im Beruf eingesetzt werden, sondern auch in anderen Bereichen. Auch persönliche und soziale Ziele lassen sich mit diesem Ansatz leichter erreichen. Der Einfluss, der mithilfe solcher Strategien erzeugt werden kann, kann es den Führungskräften ermöglichen, den Abläufen und Trends in der Geschäftswelt eine neue Richtung zu geben, wenn dies erforderlich ist.

Strategische Beeinflussung ist nicht nur eine Modeerscheinung, die erst kürzlich ins Spiel gekommen ist. Es handelt sich um eine Technik, die schon seit vielen Jahren angewandt wird. Eine Führungskraft muss wissen, dass es in der Wirtschaft und auch in jeder anderen Organisation viel Strategie und Ausdauer benötigt, um Pläne zu entwerfen, diese Pläne umzusetzen und die Menschen zu beeinflussen, damit sie diese Pläne auch ausführen. Jede Führungskraft muss flexibel genug sein, um die Arbeits- und Marktsituation des Unternehmens, an dem sie beteiligt ist, zu verstehen. Der strategische Aufbau von Einfluss ist keineswegs eine leichte Aufgabe. Eine Führungskraft muss Beziehungen aufrechterhalten, die auf einer Grundlage von Vertrauen und Loyalität aufgebaut sind. Ein Verständnis der verschiedenen Netzwerke, die am Aufbau von Beziehungen zu den Zielgruppen beteiligt sind, ist ein Muss für eine Führungskraft, die positiven Einfluss nehmen will. Strategische Einflussnahme hat viele Vorteile. Sie kann für die folgenden Zwecke genutzt werden:

- Strategische Beeinflussung kann sich als nützlich erweisen, um den Grundstein für starke berufliche Beziehungen zu legen.

- Sie kann dazu beitragen, das Image und den Ruf der Führungskräfte positiv zu beeinflussen.

- Sie ist äußerst wichtig, um festzulegen, wie sich der berufliche Weg weiterhin entwickeln soll.

- Einfluss kann auf wichtige Personen genommen werden, die für künftige Geschäfte von Nutzen sein können.

- Es ist immer ein kluger Schachzug, jeden Schritt zu planen, um besorgte Anhänger und Menschen zu beeinflussen, damit mehr Vertrauen entsteht.

Die strategische Gestaltung des Plans und die transparente Darlegung der wichtigsten Fakten vor den Mitarbeitern kann das Vertrauen zwischen der Führungskraft und ihrem Team stärken, was sich als entscheidend für die Schaffung eines starken Fundaments gleich zu Beginn erweisen kann.

Taktische Beeinflussung

Die Kunst, andere Menschen zu beeinflussen, kann als eine tiefgreifende Fähigkeit angesehen werden, die in fast allen Lebensbereichen eines Menschen erforderlich ist, nicht nur als Führungskraft. Das Taktgefühl, das erforderlich ist, um einen wirksamen Plan zur Beeinflussung anderer zu entwickeln, kann für viele ein wenig schwierig zu erreichen sein.

Im Allgemeinen wird gesagt, dass Führungskräfte je nach Bedarf für bestimmte Ziele verschiedene Taktiken anwenden. Es mag Fälle geben, in denen Führungskräfte nicht nur Einfluss auf ihre Mitarbeiter und Untergebenen ausüben müssen, sondern auch keine andere Wahl haben, als den Versuch zu unternehmen, Menschen zu beeinflussen, die in der Hierarchie höher stehen als sie. So muss jede Führungskraft die Situation sorgfältig prüfen und dann ihre Strategie zur Beeinflussung im Sinne der gesetzten Ziele umsetzen. Taktische Beeinflussung kann eingesetzt werden, um Unterstützung von Personen zu erhalten, die für das Erreichen eines Ziels wichtig sind. Eine gute Führungskraft muss herausfinden, welche Art von Taktik eingesetzt werden sollte, um einen wirkungsvollen Einfluss zu erzielen. Hier sind einige der taktischen Einflussmöglichkeiten, die häufig eingesetzt werden:

- Reziprozität: Jede Form von Geschäft erfordert eine gewisse Form von Geben und Nehmen. Die damit verbundene Gegenseitigkeit und die Hoffnung, dass ein Gefallen in Zukunft erwidert wird, ist ein taktischer Faktor, der in fast allen Bereichen der Welt und der Wirtschaft weitverbreitet ist.

- Schaffung eines Vorurteils: Die Psychologie des Menschen ist so beschaffen, dass sich leicht Vorurteile entwickeln. Starke Gefühle der Vorliebe oder Abneigung können über Entscheidungen und damit auch über die Zukunft einer Geschäftsbeziehung entscheiden. Fast jede Führungskraft muss von ihren Angestellten und Kollegen gemocht und respektiert werden. Nur dann kann sie ein eigenes Imperium aufbauen.

- Delegierte Autorität: Durch das Erkennen von Taktgefühl bei der Beeinflussung der delegierten Autorität kann eine Führungskraft viele Managemententscheidungen, die auf einer höheren Hierarchieebene getroffen werden, weitgehend indirekt kontrollieren. Eine Führungskraft sollte über das nötige Wissen verfügen, um eine statistische Analyse der verschiedenen Informationen durchzuführen, die mit den höheren Autoritätspersonen in Verbindung stehen. Auf diese Weise kann die Führungskraft eine Situation schaffen, in der sie Pläne erstellen und präsentieren und sich selbst auf positive und sympathische Art darstellen kann. Mit der richtigen Unterstützung und Anleitung durch erfahrene und führende Mitglieder der Organisation kann eine Führungskraft in ihrem Unternehmen aufblühen, indem sie von den Erfahrungen der Älteren lernt und von deren Einfluss profitiert.

- Ruhig, aber proaktiv: Ein ruhiger Geist hilft einem Menschen, klar und deutlich zu denken. Dies ist eine Eigenschaft, die jede Führungskraft besitzen muss. Menschen werden immer wieder mit Widrigkeiten konfrontiert, sowohl in ihrem persönlichen als auch in ihrem beruflichen Leben. Der Umgang mit den Problemen der Menschen kann eine der größten Herausforderungen bei der Arbeit als Führungskraft sein. Es gibt keine zwei Menschen, die genau gleich denken und handeln, und die Denkweise zu verstehen ist eine Aufgabe, die nicht nur schwierig ist, sondern für eine Führungskraft auch sehr anstrengend sein kann. Die Menschen werden sich bei schwerwiegenden Problemen immer an ihre Führungskraft wenden, und gerade in solchen Momenten zeigt sich der wahre Charakter einer Führungskraft. Wenn Sie also Ruhe bewahren, ist das schon die halbe Miete, und den Rest können Sie sich erarbeiten, indem Sie proaktiv und scharfsinnig bleiben. Das Verstehen verschiedener geschäftlicher Probleme und die anschließende Lösung dieser Probleme erfordert immense Fähigkeiten und Entschlossenheit, und diese sind ein Muss für Führungskräfte.

- Exzellenz in der Präsentation: Es reicht nicht aus, nur Ideen zu kultivieren, denn eine Führungspersönlichkeit muss nicht nur voller Ideen und Strategien sein, sondern sie muss diese Ideen und Anliegen auch hervorragend präsentieren können. Sie sollte effizient genug sein, um eine gute Diskussion vorzubereiten, und sie sollte über außergewöhnliche rhetorische Fähigkeiten verfügen. Ohne verbale Überzeugungskraft kann es etwas mühsam werden, die Gedanken der Menschen zu beeinflussen. Mit der richtigen Strategie sollte eine Führungspersönlichkeit bereit sein, mit den unterschiedlichsten Menschen zusammenzuarbeiten, die alle eine andere Einstellung haben. Je mehr Unterstützung eine Führungspersönlichkeit erhält, desto effektiver wird sie.

Man kann also ohne Zweifel sagen, dass jedes Team seine Planung auf den Punkt bringen muss. Ohne eine solide Ausrichtung ist es für die Mitstreiter äußerst schwierig, voranzukommen. Es liegt an der Führungskraft, eine günstige Situation zu schaffen, indem sie alle motiviert und dafür sorgt, dass sie zufrieden sind.

Situative Beeinflussung

Eine Situation bleibt selten über einen längeren Zeitraum gleich. Die Bedingungen neigen dazu, sich recht häufig zu ändern, vor allem in einem Unternehmen. Der Markt mit all seinen Änderungen von Angebot und Nachfrage stagniert selten. Dies führt zu einem weiteren Rätsel im Verhalten der Menschen, der Interessenvertreter und anderer, die mit der Prozesskette in Verbindung stehen. Manchmal spielen physische und manchmal soziale Faktoren eine wichtige Rolle bei der Schaffung einer Situation. Situativer Einfluss ist ein Begriff, der am häufigsten in einem Kontext verwendet wird, der mit dem Markt zu tun hat und an dem Käufer und Verkäufer beteiligt sind.

Was Führungspersönlichkeiten in einer solchen Situation auszeichnet, ist ihre Fähigkeit, andere zu beeinflussen, auch wenn sie sich in unterschiedlichen und manchmal schwierigen Situationen befinden. Wie können sie also ihre Fähigkeit nutzen, um eine Situation zu beeinflussen, in der etwa der Markt zusammenbricht? Der wichtigste Schritt für sie wäre, das Szenario genau zu studieren, damit sie sich effektiv an den Diskussionen beteiligen können, die ihren Angestellten und Kollegen helfen könnten, sich aus der schwierigen Situation zu befreien. Sie müssen das Thema oder den Sachverhalt, um den es in den Debatten und Sitzungen geht, gründlich kennen.

Es ist eine bekannte Tatsache, dass Beeinflussung in den meisten Unternehmen stets situationsbedingt ist. Daher müssen sämtliche Führungskräfte lernen, alles zu verstehen, was in dem Unternehmen oder der Organisation, der sie angehören, wichtig ist. Indem sie die Situation am Arbeitsplatz versteht, kann die Führungskraft damit beginnen, auf die Gedanken der Mitarbeiter oder Untergebenen einzuwirken, da sie dafür sorgen muss, dass die Motivation der Menschen in keiner Situation erschüttert wird. Kontrolle ist der wichtigste Schlüssel zur Beeinflussung der Zielgruppe, und das kann durch die Nutzung des relativen Wissens, das Sie über das jeweilige Thema haben, erreicht werden.

Nehmen wir als einfaches Beispiel einen Kardiologen. Er ist ein Experte in seinem Fachgebiet, was ihm großes Selbstvertrauen gibt, seine Patienten und die Menschen, die sich mit dem Thema befassen, beeinflussen zu können. Auf einem zahnärztlichen Gebiet hingegen wird sein Selbstvertrauen nicht so groß sein. Der Punkt ist, dass die Situationen nicht immer auf einen bestimmten Typus beschränkt sind und dass es eine Fülle von Schwierigkeiten gibt, denen eine Führungspersönlichkeit auf ihrem Weg begegnen wird. Es ist die Art und Weise, wie er mit jeder Situation umgeht, indem er Taktgefühl und seinen Intellekt einsetzt, die seinen Einfluss auf seine Anhänger viel stärker macht. Hier sind einige Umstände, unter denen Sie die Theorie der situativen Beeinflussung anwenden können:

- Jede Führungskraft sollte sich stets über ihre Organisation und ihre Stärken im Klaren sein. Dadurch wird sie im Vergleich zu ihren Kollegen selbstbewusster auftreten.

- Vorbereitung ist der Schlüssel! Daher kann es für die Beeinflussung der Zielgruppe äußerst hilfreich sein, die Situation im Voraus zu verstehen und sich ausreichend darauf vorzubereiten.

- Die Führungskraft sollte in der Lage sein, ihre eigenen Interessen zum richtigen Zeitpunkt zurückzustellen, und sie sollte auch bereit sein, sich zum Wohle des gesamten Teams zurückzuziehen.

Daraus ergibt sich, dass jede Führungskraft in der Lage sein muss, Taktgefühl und Klugheit einzusetzen, um situationsbedingte Probleme zu bewältigen.

Beeinflussung zur Selbsthilfe

Bei der Beeinflussung geht es nicht nur darum, die Meinung eines anderen Menschen zu ändern. Der Einzelne kann manchmal auf eine Selbsthilfestrategie zurückgreifen, um innere Probleme zu überwinden und sich zum Besseren zu entwickeln. Es handelt sich dabei um eine Technik, die dazu dient, die eigenen Ziele zu verstehen und gleichzeitig die eigenen Hindernisse zu untersuchen. Es ist nur natürlich, dass es bei der Selbstverwirklichung manchmal unumgänglich ist, sich von jemand anderem beeinflussen zu lassen, um einen Fortschritt zu erzielen.

Zum Beispiel neigt man bei übermäßigem Stress, der durch verschiedene Situationen bei der Arbeit und zu Hause verursacht wird, oft dazu, seine Energie zu verlieren. In einer solchen Zeit sucht man oft nach anderen Mitteln, um sich positiv beeinflussen zu lassen. Wenn man mit extremem Stress konfrontiert ist, sucht man oft Zuflucht in philosophischen Programmen, Wellness-Behandlungen, Entspannungsprogrammen, Therapien, Diätprogrammen, Yogakursen und Bewegungsprogrammen. Indem Sie ein externes Medium nutzen, um sich selbst zu helfen oder sich in einer Weise beeinflussen zu lassen, die für Ihr persönliches und berufliches Wachstum förderlich ist, können Sie vielfältige Möglichkeiten finden, um neue Perspektiven zu gewinnen.

Dieses Konzept der auf Selbsthilfe basierenden Theorie ist eine äußerst taktvolle Methode, die nicht nur dazu beitragen kann, Ihre Persönlichkeit als harte Führungskraft zu entwickeln, sondern Ihnen auch helfen wird, die Beziehungen der Menschen zu verstehen, die Sie beeinflussen möchten. Auf diese Weise können Sie als Führungskraft Ihren Einfluss in der Organisation erhöhen, und zwar durch die Steigerung der Gesamtproduktivität des Unternehmens. Einflussnahme durch Selbsthilfe kann aus folgenden Gründen genutzt werden:

- Die auf Selbsthilfe basierende Beeinflussungstheorie ist hilfreich, wenn Sie das Bedürfnis haben, Ihre Fähigkeiten zu verbessern und Ihr Wissen zu vertiefen.
- Um diese Theorie in die Praxis umzusetzen, müssen Sie die Logik und den tieferen Sinn dieser Technik verstehen.
- Wenn Sie diese Methode gut beherrschen, können Sie eine Führungspersönlichkeit werden, die als Teamplayer bekannt ist.
- Verbindungen lassen sich leicht herstellen, wenn die Kommunikation reibungslos verläuft.

Daraus lässt sich ableiten, wie Führungskräfte die Möglichkeiten der Beeinflussung strategisch nutzen können, um ihre gewünschte Zielgruppe wirksam zu beeinflussen.

Unbeabsichtigte Beeinflussung

Wir alle haben schon einmal gehört, dass viele Dinge nach hinten losgehen können und ein völlig unerwartetes Ergebnis eintreten kann. Dies ist eine Theorie über eine Beeinflussungstechnik, bei der es eher um einen unbeabsichtigten Effekt geht. Wir alle haben schon oft eine Situation erlebt, in der wir versucht haben, einen anderen Menschen von etwas zu überzeugen, dieser aber genau das Gegenteil getan hat. Diese Situation kann, wenn sie in einem beruflichen Umfeld auftritt, mehr schaden als nutzen. Solche Fälle sind eher in einem politischen Szenario zu beobachten.

Diese Theorie kann bei vielen verschieden Gelegenheiten angewendet werden, je nachdem, was die Stunde geschlagen hat – zum Beispiel, wenn Bewerber absichtlich Sätze sagen, die eine ganz andere Situation herbeiführen. So kann diese Technik zum Beispiel eingesetzt werden, um Projekte voranzutreiben oder abzubrechen, von denen Sie glauben, dass sie Ihren Bemühungen nicht gerecht werden. Wenn es jedoch zu Rückschlägen kommt, können viele Änderungen vorgenommen werden, um die Ressourcen neu zuzuweisen und die Priorität der Projekte zu ändern. Dies kann ein entscheidender Faktor für Sie sein. Wenn die Führungsebene die Einführung des Systems vorantreibt und die Leiter der Organisation überzeugen, kann dies für Sie eine Win-Win-Situation sein. Im Folgenden finden Sie einige Möglichkeiten, wie Sie unbeabsichtigte Beeinflussungstechniken einsetzen können:

- Eine sorgfältige Untersuchung der Situation, die zu den Ereignissen um Sie herumgeführt hat, kann sich später als vorteilhaft für Sie erweisen.

- Ein wacher Geist ist geboten. Sie müssen sich der Tatsache bewusst sein, dass sich Situationen und Dynamiken innerhalb kürzester Zeit ändern können. Sie müssen sich immer fragen, welche Veränderungen stattfinden und wie sich diese auf Ihre Situation oder Ihre Position in der Organisation auswirken können.

Mit dieser bemerkenswerten Technik der unbeabsichtigten Beeinflussung können Sie sich also den Weg dafür ebnen, eine effektive Führungskraft zu werden.

Befugnis Beeinflussung

Diese Taktik ist zwar etwas unaufrichtig, aber sie hat sich als hilfreich erwiesen, um das Vertrauen und die Unterstützung von Menschen auf breiter Ebene zu gewinnen. Es hat immer wieder Situationen gegeben, in denen Menschen den Einfluss anderer genutzt haben, um mehr Unterstützung, Gunst und Aufmerksamkeit zu gewinnen. Es gibt jedoch viele Fälle, in denen einem nichts anderes übrig bleibt, als seinen Einfluss in der Branche geltend zu machen und seine Befugnisse zu nutzen, um wichtige Entscheidungen zu seinem Vorteil zu beeinflussen. Viele Führungskräfte neigen auch dazu, diese Theorie anzuwenden, um einen höheren Grad an Sichtbarkeit zu erreichen. Für diese Methode gibt es eine Regel, nämlich, dass sie nur dann angewendet werden darf, wenn es notwendig ist, und zwar, ohne dass es zu Rückwirkungen auf die Ergebnisse kommt.

Umgekehrte Beeinflussung

Haben wir nicht schon einmal von dem Konzept der umgekehrten Psychologie gehört? Diese Theorie ist nicht viel anders als die umgekehrte Beeinflussung. Bei dieser Technik kommen eine Menge Intelligenz und Feingefühl zum Einsatz. Es gibt etwa zahlreiche Menschen, die etwas nur deshalb tun, weil ihnen jemand gesagt hat, sie könnten es nicht tun. Das darf nicht außer Acht gelassen werden. Es muss als eine Form der Einflussnahme gewertet werden. Zahlreiche Personen, die für Führungsaufgaben und höhere Positionen vorgesehen sind, wenden diese Technik an. Oftmals fordern sie ihre Untergebenen auf, sie vom Gegenteil einer Idee oder einer Vision zu überzeugen. Von dieser Tatsache, dass sie sich weigern, eine negative Aussage über ihre Person zu akzeptieren, lebt diese Theorie.

Dies waren einige der wichtigsten Beeinflussungstechniken, die für den Aufbau einer stärkeren Perspektive und Rolle einer Führungskraft eingesetzt werden können.

Kommunizieren Sie mit Einfluss

Nicht nur Kommunikation, sondern effektive Kommunikation ist das Gebot der Stunde für jede Führungskraft. Mit der zunehmenden Komplexität des Geschäftsumfelds ist der Bedarf an fortschrittlicher Kommunikation für die Festlegung der internen Organisationsstruktur, die Verwaltung der externen Zusammenarbeit und das Erreichen wichtiger Geschäftsziele zusätzlich gestiegen.

Es gibt zahlreiche Qualitäten, die eine Führungskraft besitzen muss, um eine Führungspersönlichkeit zu werden, die ihre Anhänger beeinflussen kann, aber der eine Faktor, der alle anderen übertrifft, ist die Fähigkeit, effektiv mit anderen zu kommunizieren. Effektive Kommunikation ist eine zentrale unternehmerische Stärke, die jedem Geschäft zusätzliches Gewicht verleihen kann.

In der heutigen hart umkämpften Geschäftswelt besteht eine große Herausforderung für Führungskräfte darin, eine bestimmte Art der Kommunikation mit anderen zu wählen. Verschiedene Faktoren – psychologische, geografische, kulturelle, gewohnheitsmäßige und sogar politische – spielen eine wichtige Rolle und machen es für eine Führungskraft umso schwieriger, unter den gegebenen Umständen das effektivste Kommunikationsmittel zu finden. In jüngster Zeit sind etwa massive Globalisierungseffekte im Bereich der Arbeitskultur zu beobachten. Zahlreiche Teams und Mitarbeiter arbeiten von weit entfernten Standorten aus, zwischen denen ganze Ozeane liegen können. Daher ist es für eine Führungskraft eine Herausforderung, ihr Vertrauen in Mitarbeiter zu setzen, die vielleicht sogar von einem ganz anderen Kontinent kommen. In einer solchen Situation ist die einzige Methode, die solche Schwierigkeiten lösen kann, die Einführung eines strukturierten Kommunikationsweges.

In einem sehr interessanten Beitrag in Forbes, verfasst von G. Riley Mills, dem Co-Autor des viel beachteten Buches „The Pin Drop Principle" (zu Deutsch: „das Prinzip der fallenden Stecknadel"), hat dieser eine Liste von fünf Kategorien aufgestellt, die jede Führungskraft berücksichtigen sollte, um Zuhörer oder Zuschauer zu beeinflussen. Lassen Sie uns diese Liste etwas genauer betrachten:

Die 5 Kategorien der Kommunikationstheorie

Haben wir jemals darüber nachgedacht, was eine Führungspersönlichkeit oder eine Person des öffentlichen Lebens von anderen unterscheidet? Wie wir bereits erwähnt haben, geht es nicht immer um die

Position und die Hierarchie. Es geht darum, dass eine Führungskraft ein großartiger Kommunikator sein sollte. Führungspersönlichkeiten sind bereits in eine Position aufgestiegen, in der sie eine Reform beeinflussen können, sei es auf politischer, sozialer, kultureller oder sogar organisatorischer Ebene. Was nützt die gegebene Plattform, wenn sie nicht so genutzt wird, dass sie einen positiven Einfluss auf die Menschen ausübt, die die Person führt? Wie können Sie einen Unterschied bewirken, wenn Sie einen Raum voller Konkurrenten betreten? Es sind Ihre kommunikativen Fähigkeiten, die die meisten Situationen zu Ihren Gunsten wenden können.

Großartige Persönlichkeiten wie Winston Churchill, Ronald Reagan, Henry Ford, John Wooden, Billy Graham, Oprah Winfrey und Barack Obama, die den Lauf der Geschichte und der Zeit wesentlich verändert haben, gelten als große Kommunikatoren. Mit ihren starken Meinungen und richtig ausgeführten Taten in ihren jeweiligen Bereichen haben sie alle bemerkenswerte Anstrengungen unternommen, um einen Wandel in der öffentlichen Meinung und ihrer Reaktion zu bewirken. Als ein Beispiel von Persönlichkeiten, die wir in letzter Zeit erlebt haben, können wir Barack Obama nennen, der ein phänomenaler Redner und Kommunikator ist. Er hat nicht nur die Herzen vieler Menschen erobert, sondern wurde auch zu einer Inspiration für Menschen auf der ganzen Welt. Man kann sich ebenso ein Beispiel an Stephen Colbert nehmen, der ein außergewöhnlich brillanter Kommunikator ist. Er hat die Fähigkeit, eine große Gruppe von Menschen anzusprechen, die seinen geistreichen und humorvollen Vorträgen folgen, die nicht nur unterhalten, sondern auch zahlreiche kulturelle und politische Bezüge herstellen.

Es geht vor allem darum, wie und auf welche Weise Sie Ihre Gedanken, Ideen und Handlungen als Führungskraft bei den Menschen und Anhängern ankommen lassen können. Hier sind die fünf Kategorien, die Sie nutzen können, um Ihre Fähigkeit zu verbessern, Ihr Publikum, Ihre Zuhörer bzw. Ihre Anhänger zu beeinflussen:

- Klarheit: Als Führungskraft ist es Ihre Aufgabe, sich bei Ihren Anhängern Gehör und Verständnis zu verschaffen. Denn Sie können nicht erwarten, Unterstützung und Loyalität von anderen zu bekommen, wenn die Argumentation nicht klar ist. Laut einer Studie, die in einem Forbes-Artikel erwähnt wird, sind rund 46 % der Menschen auch am Ende der Sitzung noch im Unklaren über die Tagesordnung. Klarheit ist der entscheidende Faktor. Sie müssen knackig und präzise sein und gleichzeitig der Gruppe Ihre Ideen und Visionen überzeugend präsentieren. Bei jeder Art von Botschaft, die Sie in Bezug auf die Ziele der Organisation übermitteln, müssen Sie als Führungskraft sicherstellen, dass Sie sich klar genug ausdrücken, um von den übrigen Teilnehmern verstanden zu werden. Stellen Sie außerdem sicher, dass die Präsentationen und die Medien, die Sie für ein solches Treffen verwenden, alle Punkte ansprechen, die notwendig sind, um eine klare Verbindung mit den Teilnehmern herzustellen.

- Kurz und bündig: Das bemerkenswerteste Beispiel hierfür ist die berühmte Rede von Abraham Lincoln, die „Gettysburg Address“. Diese Rede, die nur drei Minuten dauerte, gilt als eine der wirkungsvollsten Reden in der Geschichte der Moderne. Ist es nicht atemberaubend, sich die Wirkung dieser Rede mit nur 272 Wörtern vorzustellen? Wenn wir uns die meisten unserer Arbeitsszenarien ansehen, gibt es viele Sitzungen und Konferenzen, die regelmäßig abgehalten werden, um Themen zu behandeln, die auch in einer einfachen E-Mail hätten geschrieben und verschickt werden können. Der springende Punkt ist, dass eine Führungskraft es vermeiden sollte, die Zeit ihrer Mitarbeiter zu verschwenden, nur um ihren Standpunkt zu beweisen. Die Menschen neigen dazu, nach einer gewissen Zeit das Interesse zu verlieren. Je kürzer und intelligenter Ihre Rede also ist, desto mehr Einfluss werden Sie auf die Menschen haben.

- Selbstvertrauen: Die Haltung, mit der eine Person ihre Ideen vorbringt, macht eine Führungspersönlichkeit aus. Niemand würde eine Führungspersönlichkeit wollen, zu der er nicht aufschauen kann. Daher ist es wichtig, dass Sie als Führungskraft mit Ihrer gesamten Persönlichkeit Selbstvertrauen ausstrahlen. Es ist eine Tatsache, dass jeder nervös werden kann, aber wenn die Anhänger auch nur ein kleines bisschen Nervosität im Vortrag und der Körpersprache der Führungskraft spüren, dann kann das zu ernsthaften Auswirkungen führen. Achten Sie immer auf eine entspannte und starke Körperhaltung und Körpersprache. Instabilität im Verhalten und im Ausdruck von Ideen kann zu massiven Problemen führen. Seien Sie selbstbewusst, wenn Sie die Leute ansprechen und mit ihnen interagieren, und sorgen Sie dafür, dass diese Ihre Anwesenheit als bestimmt und selbstbewusst wahrnehmen. Selbstvertrauen kann sehr beruhigend wirken und jedem Menschen das Gefühl geben, dass er sich seiner Identität und seines Lebensziels sicher ist.

- Glaubwürdig: Vertrauen wird immer durch Glaubwürdigkeit erworben, und diese ist bei Führungsqualitäten von größter Bedeutung. Jedes Unternehmen baut auf der Grundlage von Vertrauen auf, und wenn einer Ihrer Partner oder Mitarbeiter Sie nicht für aufrichtig hält, kann dies zu Problemen bei den Geschäftsergebnissen führen. Es ist ein Geschäftsprozess, bei dem eine solide Basis geschaffen werden muss, die aus gegenseitigem Vertrauen und Zuversicht gegenüber dem potenziellen Kunden besteht. Bereiten Sie sich vor jeder Art von Interaktion oder Treffen mit einem potenziellen Kunden vor. Seien Sie sich über die Geschäftsstruktur und die Bedingungen des Kunden im Klaren. Ein guter Kommunikator muss sicherstellen, dass er jeden Aspekt anspricht, der für das Geschäft von Vorteil sein könnte. Mit den richtigen Worten, die auf die legitimen Klauseln und die Funktionsweise des Unternehmens hinweisen, kann eine Führungskraft ihr Ansehen unter Beweis stellen. Vermeiden Sie im Umgang mit Kunden Floskeln wie „irgendwie" sowie verbale Infektionen wie „hm", „äh", „ähm" und dergleichen. Der Ruf, glaubwürdig zu sein, kann einer Person helfen, mehr Einfluss zu haben als jemandem ohne diesen Ruf.

- Überzeugung: Mit guten Überzeugungsfähigkeiten kann eine Führungskraft ihr Publikum in jeder Situation beeinflussen. Als Führungskraft müssen Sie die Menschen für sich gewinnen, indem Sie die drei von Aristoteles definierten Hauptmittel der Überzeugungstechnik anwenden. Die Menschen bevorzugen einen Redner bzw. eine Führungskraft, die ehrlich und glaubwürdig erscheint und mit der sie sich verbunden fühlen.

Einige Führungskräfte bemühen sich nur dann darum, zu kommunizieren, wenn sie das Gefühl haben, dass es für sie in Ordnung ist. Dies ist kein guter Ansatz, denn um in einer Matrixorganisation erfolgreich zu sein, muss die Kommunikation bewusster erfolgen und alle am Kommunikationsprozess beteiligten Parteien müssen berücksichtigt werden. Ein strategisch angelegter Koordinationsplan ist erforderlich, damit die Kommunikation in jeder Situation natürlich und zielgerichtet abläuft. Erfolgreiche Projekte brauchen ein Kommunikationslayout, in dem klar festgelegt ist, wer bestimmte Informationen hat, wer bestimmte Informationen braucht, wann sie benötigt werden und wo sie zu finden sind. Außerdem befindet sich die Arbeitswelt in der heutigen Zeit auf einem fortgeschrittenen Niveau. Die meisten Verbindungen finden über virtuelle Wege statt. Machen Sie sich die Technologie zu eigen und nutzen Sie sie, um Ihr Unternehmen zu verbessern und Ihre Fähigkeiten zu erweitern. Lernen Sie alle technologischen Hilfsmittel kennen, um Ihre Kommunikation zu verbessern. Der Punkt ist, dass Sie die Vitalität effektiver Kommunikation verstehen müssen, um eine Führungskraft zu werden, die einen großen Einfluss auf die Menschen hat.

KAPITEL 4:
AUF DEN WANDEL EINFLUSS NEHMEN

Seit den Anfängen der Zivilisation gibt es einen Faktor, der sich als der konstanteste erwiesen hat: der „Wandel". Es ist in der Tat eine Ironie, dass etwas, das so wankelmütig und in Bewegung ist wie der „Wandel", sich als am dauerhaftesten erwiesen hat. Die Geschichte ist Zeuge eines kontinuierlichen Veränderungsprozesses in fast allen möglichen Bereichen. Der Wandel kann durch interne oder externe Faktoren verursacht werden, die beide von den Umständen und der Klassifizierung der sich verändernden Struktur abhängen. Manchmal genügt ein bloßer Anstoß, und die Reform findet statt, und manchmal sind immense Anstrengungen und Kompromisse erforderlich, um eine wirksame Veränderung herbeizuführen. Aus verschiedenen Gründen wie diesen kann das Management von Veränderungen ein Prozess sein, der sich als schwere Belastung für eine Führungskraft erweist. Dennoch kann jede Führungskraft ein effektiver Change Agent sein, wenn sie ihre Macht nutzt, um andere gezielt zu beeinflussen.

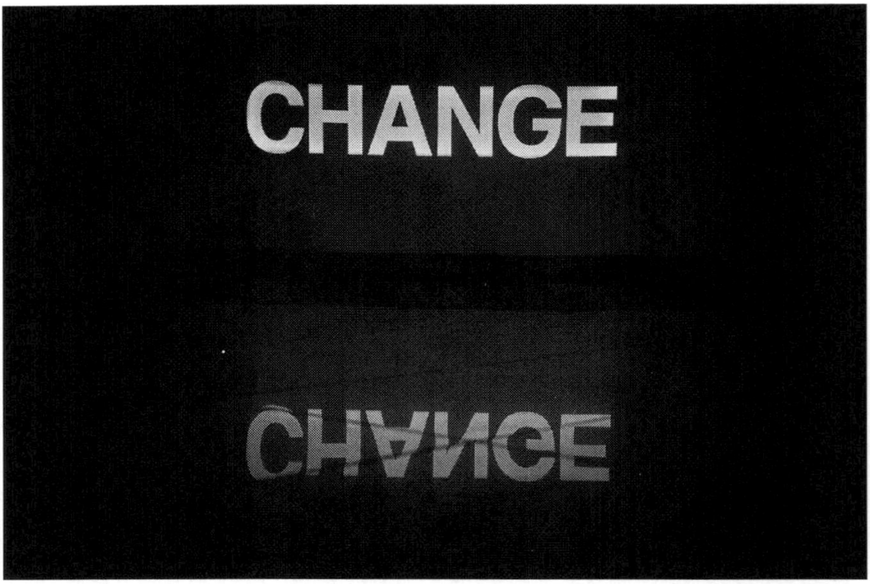

Haben Sie auf persönlicher Ebene schon einmal versucht, auch nur eine kleine Veränderung in Ihrem Büro oder an einem anderen Ort, an dem Sie arbeiten, vorzunehmen? Die Veränderung kann zum Beispiel darin bestehen, das Verhalten eines Kollegen zu beeinflussen, einen Riss in den Beziehungen am Arbeitsplatz zu verursachen, eine Veränderung in der Arbeitskultur herbeizuführen usw. Haben Sie schon einmal versucht, Ihre Liebsten davon zu überzeugen, sich so zu verhalten, wie Sie es sich wünschen, selbst in einem privaten Rahmen? Auf all diese komplexen Fragen gibt es eine einfache Antwort: Ja. Es mag sein, dass Sie nicht direkt versucht haben, eine solche Veränderung herbeizuführen, aber wir alle haben irgendwann einmal versucht, die Meinung anderer in unserem Sinne zu beeinflussen. Das kann etwas so Simples sein wie einen Freund dazu zu bringen, die neue Popcorn-Geschmacksrichtung zu probieren, auf die Sie sich schon so lange gefreut haben oder die Sie vielleicht sogar am meisten lieben. Die Rolle der Beeinflussung in unserem täglichen Leben kann also in keiner Weise unbeachtet bleiben, schon gar nicht im Falle einer Person, die eine von allen anerkannte Führungspersönlichkeit werden möchte.

Eine Aufgabe, die für die Rolle einer Führungskraft von größter Bedeutung ist, besteht darin, selbst in Zeiten der Ungewissheit triumphale Ergebnisse zu erzielen. Viele Menschen haben ein angeborenes Talent, andere zu beeinflussen, aber das bedeutet nicht, dass eine Person ohne ein natürliches Gespür für die Beeinflussung anderer dieses Gespür nicht durch Übung erlernen kann. Sie können diese Fähigkeit verbessern, indem Sie die folgenden Kernpunkte beachten:

- Verstehen Sie die Taktik des „Anstoßens“ im Entscheidungsprozess.
- Verbessern Sie Ihre Überzeugungskraft, ohne dabei den Eindruck von Manipulation zu erwecken.
- Untersuchen Sie Ihre Stärken und Schwächen und bitten Sie um Feedback von wichtigen Personen. Verschwenden Sie keine Zeit, sondern beginnen Sie sofort damit, daran zu arbeiten.
- Denken Sie nicht einseitig, sondern seien Sie offen für Vorschläge, egal wie kritisch sie sein mögen.
- Geben Sie Ihr Bestes, um sich an verschiedene Umstände anpassen zu können.
- Bemühen Sie sich, die Denkweise im gesamten Unternehmen und insbesondere in dem Team, dem Sie angehören, zu ändern.

Es ist sehr wahrscheinlich, dass die meisten Menschen, die schon einmal in einer Organisation gearbeitet haben, sei es auf Regierungs- oder Nichtregierungsebene, Zeuge der Veränderung der Team- und Organisationsdynamik durch den Wechsel von Führungskräften geworden sind. Die Rolle, die die Führung spielt, ist entscheidend für den Erfolg oder Misserfolg eines jeden Arbeitsplatzes. Leider sind solche Situationen in einer Organisation recht häufig anzutreffen. Es ist jedoch nicht immer der Wechsel der Führungskraft, der Probleme verursacht. Es ist vielmehr die Art der Führung, die als ausschlaggebend angesehen wird. Unabhängig davon, ob es sich um eine neue oder eine erfahrene Führungspersönlichkeit handelt, muss diese immer darauf achten, das Verhalten und das Leben ihrer Angestellten positiv zu beeinflussen. Zweifellos müssen Führungspersönlichkeiten Vorbilder sein, wenn es darum geht, Reformen zum Wohle der Menschen durchzuführen.

Wie Sie Ihr Leben positiv verändern können

Jede Veränderung, die Sie anstreben, sollte in erster Linie von Ihnen selbst ausgehen. Als Führungspersönlichkeit, die vorankommen will, indem sie die Perspektive ihrer Anhänger beibehält, dürfen Sie nie vergessen, dass Sie es sind, der an die Reformen glauben sollte, die Sie anderen auferlegen wollen. Einfluss ist eine Veränderung, die man herbeiführen muss, ohne dass es wie eine Manipulation aussieht.

Der Mensch ist von Natur aus nicht sehr empfänglich für plötzliche Veränderungen, egal, in welchem Bereich seines Lebens. Widerstand ist die Folge, wenn keine stichhaltige Begründung für eine neue Veränderung geliefert wird, die auf ihn zukommt. Daher müssen Sie als Führungskraft, die gleichzeitig auch einfühlsam ist, einige Überlegungen anstellen, bevor Sie die entsprechenden Strategien zur Herbeiführung von Veränderungen ergreifen. In erster Linie sollten Sie nach Möglichkeiten suchen, wie Sie als Einzelperson und nicht nur als Führungskraft positive Veränderungen in Ihrem persönlichen und beruflichen Leben herbeiführen können. Hier sind einige Tipps, die Ihnen helfen können, Ihr Leben positiv zu verändern:

- Bestimmen Sie, was Sie verändern wollen: Jede Führungskraft muss eine klare Vorstellung davon haben, was ihre Vision ist. Bevor sie einen Schritt in Richtung eines Veränderungsprogramms machen, müssen sie sicherstellen, dass sie nicht den geringsten Zweifel an ihrer Arbeit oder ihren Strategien haben. Anthony Grant, außerordentlicher Professor am Lehrstuhl für Coaching-Psychologie der Universität Sydney, erklärt: „Sie müssen in der Lage sein, zu erkennen, was das Ziel für Sie als Person bedeutet, wodurch Sie sich besser fühlen und wodurch Sie mehr aus sich herausgehen.“ Diese Theorie basiert auf der Logik, dass die Wahrscheinlichkeit für positive Ergebnisse hoch ist, wenn Ihre Ziele mit Ihren Grundwerten übereinstimmen.

- Vermeiden Sie Negativität: Umgeben Sie sich mit Menschen, die Ihrer Persönlichkeit positive Energie verleihen. Lassen Sie also nicht zu, dass die Negativität einer Person oder ihre Gedanken Ihren Seelenfrieden in einer Weise beeinflussen. Das hektische Leben, das die meisten von uns führen, hat uns nicht nur zahlreiche Möglichkeiten gegeben, unsere Träume zu verwirklichen, sondern gleichzeitig auch einen erheblichen Druck erzeugt, der zu Erschöpfung und Stress führt. Solche Umstände können nicht nur unser Berufsleben behindern, sondern auch unsere geistige und körperliche Gesundheit beeinträchtigen. Eine der besten Möglichkeiten, Positives anzuziehen, besteht daher darin, alles und jeden zu meiden, der eine negative Ausstrahlung hat. Je mehr Sie sich auf die Vorteile einer Situation konzentrieren, desto eher werden Sie in der Lage sein, die Nachteile zu überwinden.

- Seien Sie freundlich und einfühlsam: Freundlichkeit und Einfühlungsvermögen haben nur Gutes zu bieten. Verständlicherweise wird der Arbeitsplatz oft zu einem Ort des knallharten Wettbewerbs, und in einem solchen Fall wird es schwierig, immer mit dem Herzen zu denken. Sie können jedoch kleine Veränderungen vornehmen, z. B. Ihre Kollegen und Angestellten fragen, ob sie Schwierigkeiten haben, eine Aufgabe zu erledigen. Sie könnten eine einfache Geste benutzen, z. B. Ihrem Kollegen ein Glas Wasser oder vielleicht eine Tasse Kaffee anbieten, wenn er aus der Cafeteria kommt. Auf einer persönlichen Ebene könnten Sie tiefer gehen und sehen, wo Sie Wiedergutmachung leisten können, um Ihre Beziehung zu jemandem zu verbessern, sei es zu Freunden oder zur Familie. Selbst die kleinsten Gesten können Ihnen helfen, als Mensch zu wachsen, und vor allem eine Führungspersönlichkeit mit Qualitäten wie Freundlichkeit und Einfühlungsvermögen kann sich als wahres Juwel erweisen.

- Bauen Sie sich ein Hilfsnetz auf: Wir alle sind soziale Wesen, und allein zurechtzukommen, ist ein wenig unrealistisch. Jeder Mensch benötigt ein starkes Hilfsnetz, seien es Freunde, Familie, Kollegen oder andere positive Beziehungen. Es gibt einen Punkt im Leben, an dem man Unterstützung benötigt, und die Menschen, auf die wir uns in schwierigen Zeiten verlassen, werden auf lange Sicht unsere Wegweiser. Deshalb sollten Sie immer eine Reihe von Menschen haben, die Ihnen den Rücken stärken und Ihnen das Gefühl geben, wertvoll zu sein, wenn Sie es am meisten benötigen.

- Machen Sie einen Schritt nach dem anderen: Ein kleiner Schritt ist viel bequemer als ein großer Sprung. Kleine Schritte zur Erreichung Ihrer Ziele können überschaubar und weniger kompliziert sein als ein Schritt mit größerer Wirkung. Überstürzen Sie nichts und nehmen Sie sich Zeit, um die richtige Wirkung zu erzielen, anstatt sich auf eine Aktion zu stürzen, die Ihr Image möglicherweise beeinträchtigen könnte.

- Entwickeln Sie Gewohnheiten, um Ihren Geist zu beruhigen: Unsere täglichen Gewohnheiten prägen unsere gesamte Persönlichkeit. Kleine Veränderungen in Ihrem Lebensstil können sich positiv auf Ihren Geist und Körper auswirken. Regelmäßige Bewegung, gesunde Ernährung, Yoga, Meditation und Ähnliches können die geistige und körperliche Gesundheit fördern. Wenn Sie solche Gewohnheiten übernehmen, werden Sie sich in Ihrer Haut wohlfühlen. Auch Ängste und Stress werden erheblich abgebaut, was letztlich Ihr Selbstvertrauen stärkt.

Es ist also klar, dass positiver Einfluss bei einem selbst beginnen muss. Sie müssen sicherstellen, dass Sie alle positiven Schwingungen in sich selbst verankern, bevor Sie losgehen und andere dazu ermutigen. Wenn Sie stellenweise etwas ändern, können Sie sich selbst mehr Sicherheit, Selbstvertrauen und Glück bringen, was auch Ihrem Berufsleben zugutekommen wird.

Wie Sie Veränderungen bei anderen beeinflussen

In den vergangenen Jahren hat sich das berufliche Wachstum exponentiell beschleunigt. Die Art und Weise, auf die eine Person ihr berufliches und privates Leben managt, ist kaum vorstellbar, und die erforderliche Ausdauer dafür aufzubringen, kann äußerst mühsam sein. In einer solchen Zeit besteht die Rolle einer Führungskraft darin, als Change Leader zu agieren und einen Wandel herbeizuführen – eine Aufgabe, die eine große Herausforderung darstellen kann. Die Popularität des Veränderungsmanagements als Konzept und der Change Agents hat im Laufe der Jahre zugenommen, weil in jeder Form von Unternehmen das Hauptziel darin besteht, erfolgreich zu sein und den Spitzenplatz einzunehmen. Die einzige Möglichkeit für ein Unternehmen, sich auf der höchsten Ebene zu positionieren, besteht darin, etwas zu tun, das es von den anderen Wettbewerbern unterscheidet und das sich lohnt.

Darüber hinaus geht dies mit anderen Herausforderungen einher. Es ist etwa typisch für die Denkweise vieler Menschen, dass sie sich eher für etwas entscheiden, bei dem sie sich bereits sicher fühlen, als sich an etwas zu wagen, das angeblich besser ist. Als Führungskraft, die Einfluss nehmen und eine Lösung für solche Probleme herbeiführen möchte, müssen Sie sicherstellen, dass Sie den Menschen alle positiven Gründe für solche neuen Veränderungen aufzeigen. Als etwa Mobiltelefone mit

Kameras eingeführt wurden, gab es eine große Gruppe von Menschen auf der ganzen Welt, die der Meinung waren, dass es keine gute Idee sei, ein Telefon mit einer Kamera zu haben. Diese Denkweise entstand, weil viele Menschen davon gehört hatten, dass das Internet und der einfache Zugang dazu über Telefone einen schrecklichen Einfluss auf die Psyche der Menschen, insbesondere der jungen Menschen, haben kann. Als Unternehmensleiter, der in diesem Bereich tätig ist, sollten Sie in diesem Fall als Erstes einen großen Teil der Menschen durch Treffen, Konferenzen, Werbung, schriftliches usw. ansprechen. Es ist Ihre Aufgabe, die Gedanken dieser Menschen zu ergründen und ihnen zu helfen, eine kluge Entscheidung für ein modernes Gerät zu treffen. Indem Sie ihnen die Vor- und Nachteile der Verwendung eines Fotohandys darlegen, können Sie sie auf sehr taktvolle Art davon überzeugen, das Produkt zu kaufen, das Sie auf den Markt bringen.

Der Prozess, andere dazu zu bringen, sich selbst zu ändern oder eine neue Methode der Veränderung zu akzeptieren, klingt in der Theorie einfach, kann aber eine mühsame Aufgabe sein. Um die Schritte zu vereinfachen, finden Sie hier einige Möglichkeiten, wie Sie andere zur Veränderung bewegen können:

- Lassen Sie die andere Person zuerst über ihre Probleme und ihre allgemeine Sichtweise sprechen. Sich die Sichtweise der anderen Person anzuhören, kann eine äußerst nützliche Verhaltensweise sein, da dadurch ein Gefühl des Vertrauens aufgebaut wird.

- Seien Sie in Ihrem Ansatz authentisch, denn der Kern einer starken Beziehung basiert auf Interaktionen, die echt und nicht manipulativ sind. Wenn die Menschen anfangen, an Ihre Ideen und an Sie als Person zu glauben, werden sie weniger geneigt sein, Ihre Theorien anzuzweifeln.

- Nachdem Sie die Grundlage für Vertrauen und Authentizität geschaffen haben, können Sie den Vertrag abschließen. Legen Sie Ihre Pläne für neue Veränderungen im System und bei den einzelnen Personen dar. Mit der richtigen Überzeugungskraft werden Sie in der Lage sein, sie positiv zu beeinflussen.

- Klären Sie alle ihre Zweifel und Fragen. Zeigen Sie ihnen die strategischen Pläne und wie Sie sie umsetzen wollen. Ein erkennbares Verständnis der Menschen wird Ihnen helfen, mehr Zugang zu ihren Gedanken und Handlungen zu erhalten.

Wenn Sie sich gründlich mit dem Thema befasst und sich ernsthaft bemüht haben, die Perspektive der Betroffenen zu studieren, werden Sie in der Lage sein, mit Unterstützung des gesamten Teams, der Mitarbeiter und der gesamten Organisation den Weg zu mehr Erfolg zu ebnen.

Positiver Einfluss auf den Wandel am Arbeitsplatz

Wir alle sprechen über Probleme und die verschiedenen Möglichkeiten, sie zu lösen. Die meisten Führungskräfte stehen auf einem Podest und sind durch ihre Rolle verpflichtet, bedeutende Veränderungen herbeizuführen, die die Aussichten der Organisation, in der sie tätig sind, verbessern können. Deshalb müssen sie die bestmögliche Beeinflussungstaktik wählen, die für die jeweilige Situation geeignet ist. Im Folgenden werden einige Techniken vorgestellt, mit denen Führungskräfte ihre Leistung steigern können, um andere zu beeinflussen, insbesondere am Arbeitsplatz:

- Analysieren Sie die Situation: Seien Sie sich der Gründe bewusst, aus denen Sie sich für eine bestimmte Aufgabe engagieren und auch dessen, wie wichtig die Ergebnisse für Sie sind. Als Führungskraft müssen Sie sich darüber im Klaren sein, warum Sie Einfluss auf bestimmte Personen nehmen müssen, und dann entsprechend Ihren Strategien festlegen, um in diese Richtung zu arbeiten.

- Zielpublikum: Ein gutes Verständnis der Zielgruppe, die man erreichen will, ist für das reibungslose Funktionieren einer Strategie der Einflussnahme unerlässlich. Damit eine Führungskraft ohne Interessenkonflikte arbeiten kann, muss sie ein umfassendes Verständnis für die Perspektiven der verschiedenen am Arbeitsprozess beteiligten Personen haben.

- Verstehen Sie Ihre Interessengruppen: Viele Entscheidungen einer Organisation beruhen auf den Interessen der Beteiligten. Die Wahrscheinlichkeit, dass diese Beteiligten unterschiedliche Meinungen, Interessen, Prioritäten und Pläne haben, ist groß. Sie müssen herausfinden, wie Sie die einzelnen Interessenvertreter entsprechend ihren Bedürfnissen und Persönlichkeiten beeinflussen können. Demgemäß muss eine Führungskraft Pläne aufstellen, um sie so subtil wie möglich zu beeinflussen. Untersuchen Sie sorgfältig die Rolle und den Beitrag jedes Einzelnen in der Organisation, und setzen Sie sich dann weitere Ziele.

- Schätzen Sie Ihre Fähigkeiten selbst ein: Seien Sie immer mit sich selbst im Reinen. Führen Sie eine gründliche und ehrliche Analyse Ihrer Fähigkeiten und Arbeitstechniken durch. Auf diese Weise werden Sie verstehen, was Sie ausbremst und welche Stärken Sie weiterbringen. Überlegen Sie, welche Taktiken in der Vergangenheit nützlich waren und die besten Ergebnisse geliefert haben. Arbeiten Sie mit Ihren Kollegen und Angestellten zusammen und versuchen Sie, gelegentlich ein Feedback von ihnen einzuholen. Wenn Sie auf rationale Weise vorgehen, können Sie Ihrem Ziel, Einfluss auf Ihre Zielpersonen zu nehmen, einen gesunden Schritt näher kommen.

Der Einfluss von Führungskräften hat das Potenzial, massive Veränderungen in einer Organisation herbeizuführen. An jedem Arbeitsplatz mit einer großen Anzahl von Menschen gibt es zwangsläufig ein Gemisch von Meinungen und Arbeitsstilen. Um einen grundlegenden Wandel herbeizuführen, muss eine Führungskraft ohne offensichtliche Anstrengung Einfluss ausüben. Es sind vor allem das Image und der Ruf, die die Menschen dazu inspirieren, ihr zu folgen.

Ein fesselnder Vorfall, der in einem Artikel in „ChangeFolio" über den Apple-Gründer Steve Jobs erwähnt wird, ist ein großartiges Beispiel dafür, auf welche Weise der Einfluss einer Führungspersönlichkeit an ihrem Arbeitsplatz wirkt. Die Entwickler des Apple-Teams präsentierten Steve Jobs den Prototyp des iPod. Er hob ihn hoch, wog ihn in seinen Händen und lehnte ihn auf der Stelle ab, weil er zu groß war. Die Entwickler und Ingenieure, die an dem Gerät gearbeitet hatten, waren enttäuscht und versuchten zu erklären, wie schwierig es sein würde, die Größe zu reduzieren. Steve Jobs schwieg und hörte zu, dann ging er hin und ließ das Gerät in das Aquarium im Raum fallen. Kaum hatte das Gerät den Boden des Aquariums erreicht, begannen Blasen aus dem Gerät aufzusteigen. Steve Jobs sagte dann, dass es sich um Luftblasen handelte, was bedeutete, dass es im Inneren des Geräts noch Platz gab, der hätte verkleinert werden können.

Dies ist ein klares Beispiel dafür, dass Steve Jobs eine Führungspersönlichkeit war, die nicht nur inspirierte, sondern auch die Fähigkeit besaß, die Denkprozesse der Menschen zu beeinflussen. Führungspersönlichkeiten spielen in der Tat eine enorme Rolle bei der Beeinflussung des Verhaltens anderer, sowohl im positiven als auch im negativen Sinne.

Was Mitarbeiter und Organisationen betrifft, so ist eine rasante Entwicklung im Gange, die massive Veränderungen in Technologie und Methodik mit sich bringt. Eine der größten Herausforderungen einer Führungsposition ist der Umgang mit Widerständen und Problemen der Mitarbeiter. Führungspersönlichkeiten werden vom Rest der Bevölkerung stets genau beobachtet, da sie als Quelle der Inspiration, Hoffnung, Beratung und Unterstützung angesehen werden. Sie werden immer mit Argusaugen beobachtet. Sie müssen agil sein und sich in den Prozess des Veränderungsmanagements einbringen, ohne ihrem Ansehen und ihrer Vision zu schaden. Hier sind einige Möglichkeiten, wie eine Führungskraft einen positiven Einfluss auf den Arbeitsplatz ausüben kann:

- Helfen Sie den Menschen, den Wert der Veränderung zu verstehen. Widerstand ist eine der häufigsten Reaktionen, wenn eine neue Reform zunächst ohne große Ankündigung eingeführt wird. Was kann in einem solchen Fall die Menschen dazu bringen, den Wandel zu akzeptieren? Die Antwort lautet: der Wert. Es stimmt, dass Menschen auf der Grundlage einer Beziehung von Geben und Nehmen arbeiten. Nach der gleichen Logik wird ein Mensch seine Energie nicht in etwas investieren, das er nicht als wertvoll ansieht. Als Führungskraft müssen Sie sich diese Psychologie zunutze machen, um die Gedanken der Menschen zu beeinflussen. Sie müssen ihnen begreiflich machen, welchen Wert eine neue Veränderung für ihr Leben haben wird. Wenn Sie auf diese Weise vorgehen, wird die Zahl Ihrer Zuhörer langsam aber sicher stark ansteigen.

- Stellen Sie sich dem Widerstand: Um ein Problem zu lösen, sollte man zunächst seine Existenz akzeptieren. Erst, wenn ein Problem anerkannt ist, kann eine Lösung gesucht werden. Als Führungskraft sollten Sie jede einzelne Stimme der Menschen wahrnehmen. Hören Sie ihnen zu, hören Sie sich ihre Sorgen an, stellen Sie sich allen Gründen für ihren Widerstand gegen Veränderungen. Ermutigen Sie die Menschen und beeinflussen Sie sie gedanklich, um eine positive Entscheidung zu treffen, anstatt dass sie bei jeder neuen Veränderung, die von der Führung eingeführt wird, einen Stolperstein bilden.

- Drücken Sie sich klar aus: Es liegt auf der Hand, dass die Menschen bei jeder plötzlichen Veränderung verunsichert sind. Eine Führungskraft muss alle Zweifel oder Missverständnisse in Bezug auf Veränderungen klären. Fassen Sie sich kurz und verwenden Sie keine Begriffe und Phrasen, die zu noch mehr Verwirrung führen könnten. Achten Sie darauf, wie und welche wichtigen Details Sie den Menschen mitteilen.

- Seien Sie einnehmend: Kommunizieren Sie mit Ihrem Publikum mit Klarheit und bleiben Sie bis zu einem gewissen Grad ansprechbar. Schaffen Sie am Arbeitsplatz eine Atmosphäre, in der die Menschen gerne kommunizieren und sich stärker an produktiven Aktivitäten beteiligen. Als Führungskraft ist es ratsam, sich an Team-Management-Sitzungen und anderen Abläufen am Arbeitsplatz zu beteiligen. Es ist ein motivierender Anblick für die übrigen Teammitglieder, wenn sie sehen, dass die Führungskraft in die zahlreichen Team-Management-Programme eingebunden ist. Dies vermittelt ein Gefühl des beständigen Vertrauens, das sich positiv auf die Gedanken der Menschen auswirken kann.

Indem sie sich auf beruflicher Ebene an die verschiedenen Szenarien anpassen, müssen sich Führungskräfte als inspirierende Vorbilder für den Rest der Belegschaft erweisen. Auf diese Weise können sie nicht nur andere inspirieren und einen positiven Einfluss auf den Arbeitsplatz ausüben, sondern auch erfolgreich die Gedanken der Menschen beeinflussen, damit diese so denken und handeln, wie es für die Gesamtvision der Organisation erforderlich ist.

KAPITEL 5: **ÜBERZEUGEN UND BEEINFLUSSEN**

Zu glauben, dass man noch nie eine Entscheidung getroffen hat, die auf einem irrationalen Gedanken beruhte, kann ziemlich schwierig sein. Selbst für die praktischsten Menschen auf der Welt ist die Behauptung, dass kein Einfluss ihre Gedanken oder Handlungen in der Vergangenheit getrübt hat oder dies in Zukunft tun wird, eine fast unmögliche Antwort. Dies bringt uns an einen Scheideweg, an dem wir verstehen müssen, wie Überzeugung und Einfluss funktionieren. Als Führungskraft zählt Ihr Kaliber, Ihr Potenzial, ein Ziel zu erreichen und die Dinge so zu erledigen, wie es erforderlich ist. Ihr Erfolg wird oft an den Herausforderungen gemessen, denen Sie sich stellen und die Sie mit großem Erfolg gemeistert haben.

Zu überleben ist der Schlüssel in jedem Bereich des Lebens in dieser Welt, und zweifellos ist es das Ziel einer Person mit Führungsqualitäten, dies auf sieghafte Weise zu erreichen. Der Weg zum Triumph ist jedoch ein steiler Weg. Er kann zu vielen Stürzen führen, aber ein Faktor, der helfen wird, den Weg zu ebnen, ist die Kunst der Überzeugung. Auch die Beeinflussung spielt eine große Rolle, wenn es darum geht, die Denkweise der Menschen zu lenken und erfolgreiche Ergebnisse zu erzielen. Doch was ist eigentlich der Unterschied zwischen Überzeugung und Beeinflussung? Lassen Sie uns in die Feinheiten der beiden hochwirksamen Begriffe eintauchen:

Überzeugen versus Beeinflussen

Lassen Sie uns eine Pause einlegen und über den grundlegenden Unterschied zwischen Überzeugung und Beeinflussung nachdenken, der Ihrer Meinung nach besteht. Gibt es Bereiche, in denen diese beiden Taktiken bei der Behandlung eines Themas und der Erledigung einer Aufgabe getrennt voneinander zum Tragen kommen? Außerdem kann man sagen, dass es einen schmalen Grat zwischen diesen beiden Methoden gibt, die von Führungskräften häufig eingesetzt werden.

Überzeugungsarbeit ist eine Methode, um einen Fall darzulegen und ihn auf den Punkt zu bringen, an dem die Menschen zustimmen. Bei der Beeinflussung handelt es sich um ein taktvolleres Vorgehen. Es geht darum, wie eine Situation so gestaltet wird, dass die Sichtweise der betroffenen Personen manipuliert wird. Die Wahrscheinlichkeit, dass diese beiden Begriffe austauschbar verwendet werden, ist groß, und der Unterschied zwischen ihnen ist kein verhängnisvoller. Überzeugen und Führen sind zwei wichtige Fähigkeiten, die einen entscheidenden Unterschied im Stil und in der Qualität einer Führungskraft bewirken.

Bei der Überzeugung geht es eher darum, eine andere Person dazu zu überreden, das zu tun, was man von ihr möchte. Jemanden zu beeinflussen, erfordert dagegen mehr Geschick und ist vielen Menschen angeboren. Bei der Führung geht es um den Umgang mit einer Gruppe von in vielerlei Hinsicht unterschiedlichen Menschen mit grundlegenden Emotionen. Bei einer der interessantesten Theorien über die Macht der Beeinflussung geht es darum, wie rationale Überzeugung funktioniert. Lassen Sie uns diese Aspekte näher beleuchten:

Rationale Überzeugungskunst

Macht kann auf vielen Ebenen subjektiv sein. Sie kann auf der Wahrnehmung der Fähigkeiten einer Person beruhen, das Geschehen um sie herum zu beeinflussen, sei es im sozialen oder politischen Bereich. Sie kann in zahllosen Formen auftreten, auf einer hierarchischen Basis oder auf einer persönlichen Ebene des Einflusses auf andere. Wie wir bereits erörtert haben, gibt es verschiedene Formen der Einflussnahme wie Beratung, Zusammenarbeit, Inspiration usw. Bei all diesen verschiedenen Beeinflussungstechniken sticht jedoch die rationale Überzeugung als eine großartige Methode hervor.

Wenn Sie als Führungskraft eine Gruppe von Menschen oder ein Team in Ihrer Organisation leiten, kann Ihnen rationale Überzeugung bei Ihren Bemühungen helfen, die Menschen um Sie herum zu beeinflussen. Es handelt sich um eine einfache Methode, bei der die Aufforderung zur Annäherung mit Argumenten kombiniert wird, die äußerst rationaler Natur sind. Die Aufforderung erfolgt in Form eines dringenden Appells, aber die Argumente, die dabei verwendet werden, sind mit sachlichen Beweisen untermauert. Aufgrund der Gründe, die auf die praktischste Art und Weise gerechtfertigt sind, erweist sich der Appell als durchführbar.

Viele Führungspersönlichkeiten, die eine rationale Überzeugungsmethode anwenden, um ihren Einfluss auf die Menschen, mit denen sie zusammenarbeiten, auszubauen, werden als jemand angesehen, der Dinge auf den Punkt bringt und als superobjektiv und relevant gilt. In vielen Fällen folgen solche Führungskräfte einem prototypischen Prozess, in dem sie Strategien entwickeln, um ihr Publikum davon zu überzeugen, Entscheidungen und neue Veränderungen zu akzeptieren. Sie führen ihre Pläne mithilfe von Diagrammen, Statistiken, Schaubildern, Umfragen, Auszügen aus Aussagen von Personen usw. aus. Auf diese Weise erläutern sie ihren Standpunkt und können ihre Position rechtfertigen. Auf sehr subtile Weise machen sie deutlich, dass die Sichtweise einer Führungskraft die vertretbare und rationalste ist.

Bei der Erstellung eines statistischen Diagramms, das den Zuhörern präsentiert wird, werden umfangreiche Analysen, Expertenwissen und Erfahrungen genutzt. Die Führungskraft führt häufig Gründe an, die den Nutzen des neuen Systems oder Projekts für das berufliche und persönliche Leben der Menschen beschreiben. Sie weicht nie vom Thema ab und spricht über die Datenanalyse, indem sie die Einzelheiten der durchgeführten Umfragen oder die angegebenen Datendetails präsentiert. Diese Art der Überzeugungsmethode folgt im Falle einer Hierarchie in der Regel dem Top-Down-Ansatz; sie bietet kaum Spielraum, bei einem Bottom-Up-Ansatz verfolgt zu werden.

Rationale Überzeugungsarbeit basiert auf einer Arbeitsmoral, bei der keine Drohungen ausgesprochen werden oder die Macht einer der beteiligten Personen missbraucht wird. Es ist der einfachste Prozess, denn was die meisten Führungskräfte in einer solchen Situation tun, ist, ihre Meinungen, Ideen und Strategien vor den betroffenen Personen darzulegen. Es gibt keinen Grund, sich bei den anderen Mitgliedern der Organisation einzuschmeicheln, denn all ihre Diskussionen beruhen auf nichts anderem als auf Logik und hervorragend erläuterten Ideen, die die beste Option für die gegebene Situation darstellen.

Wichtige Konzepte

Führungspersönlichkeiten stehen immer unter der strengen Beobachtung der Menschen. In einem solchen Szenario können sie es sich nicht leisten, einen Fehler zu machen und die ihnen durch ihre Position gegebene Chance, ein großes Publikum zu beeinflussen, zu verspielen. Die unvergessliche Rede „I Have a Dream" (zu Deutsch: „Ich habe einen Traum") von Martin Luther King Jr. und die Film-Rede „Greed is Good" (zu Deutsch: „Gier ist gut") von Gordon Gekko im Film „Wall Street" haben es beide geschafft, eine große Anzahl von Menschen auf der ganzen Welt zu beeinflussen. Diese beiden großmütigen Persönlichkeiten waren nicht nur gute Redner, sondern es war die Tatsache, dass ihre Reden auf einer Logik beruhten, die ihnen mehr Respekt und Anhänger verschaffte.

Wir alle haben uns in unserem Leben durch Beratung und inspirierende Sendungen beeinflussen lassen. Einflussnahme erfordert ein solides Fundament an Überzeugungstechniken, und die Führungspersönlichkeiten müssen vor allem in Bezug auf ihren Ansatz und ihre Ziele absolut aufrichtig sein. Als Führungspersönlichkeit sollten Sie sicherstellen, dass alle Fakten, die dem Publikum präsentiert werden, relevant und wahrheitsgetreu sind, denn sonst könnten Sie die Aufmerksamkeit Ihrer Zuhörer doppelt so schnell wieder verlieren, wie Sie sie gewonnen haben. Indem Sie sich an die Fakten halten, werden Sie Fehlinformationen und Missverständnisse auf lange Sicht ausschließen können. Der Grund, warum so viel Wert auf Echtheit gelegt wird, liegt darin, dass eine Führungsperson das Vertrauen der Menschen gewinnen muss. Wenn ein Anführer auch nur einen Hauch von Zweifel oder Unehrlichkeit zeigt, ist auch die Wahrscheinlichkeit groß, dass er auf lange Sicht die Unterstützung seiner Anhänger riskiert. Sie werden nicht nur die

Unterstützung verlieren, sondern auch in den folgenden Tagen nicht in der Lage sein, Akzeptanz für Ihre Ideen zu gewinnen.

Das wichtigste Konzept, das von jeder Führungskraft zu jeder Zeit befolgt werden sollte, besteht darin, ein breites Wissen über das Thema zu haben. Nur so können Sie Ihre Fakten richtig darstellen und Ihren Kollegen, Angestellten oder Mitgliedern ein stichhaltiges Argument präsentieren. Behauptungen, die sich am Ende als falsch herausstellen, können auf lange Sicht zu einem erheblichen Verlust von Anhängern führen. Vertrauen ist ein großes Wort, ohne das jede Art von Unternehmen nur schwer gedeihen kann. Daher ist es Ihr Vorrecht als Führungskraft, eine auf Vertrauen und Respekt basierende Verbindung zu Ihrem Publikum aufzubauen.

In „When Execution Isn't Enough: Decoding Inspirational Leadership" (zu Deutsch: Wenn die Ausführung nicht genug ist: inspirierende Führung verstehen") weist der Autor Claudio Feser darauf hin, dass die Aussagen von Führungskräften das Potenzial haben, einen starken Eindruck bei ihren Zuhörern zu hinterlassen. Er gibt Beispiele für bestimmte Aussagen, die von Führungskräften häufig verwendet werden, wenn sie rationale Überzeugungsarbeit leisten, wie: „Die Umgestaltung des Unternehmens ist notwendig, um Wachstum zu erzielen, die Kosten zu senken und die Konkurrenz zu schlagen", „Ich möchte, dass Sie aktiv werden", „Angesichts der verfügbaren Daten ist der logischste Ansatz …", und dergleichen.

Daher ist es ziemlich klar, dass Logik mithilfe unterstützender Beweise funktioniert, um rationale Entscheidungen zu treffen. Rationale Führungspersönlichkeiten sind eher auf der sicheren Seite, da sie alle ihre Handlungen mit Verstand und sorgfältiger Planung untermauern.

Wirkungen der rationalen Überzeugung

Veränderungen werden von den meisten Menschen nicht gerne gesehen. Es ist ganz natürlich, dass man sich nicht wohl dabei fühlt, sich an etwas Neues anzupassen. Die Neubesetzungen und die Verwirrung, die durch Veränderungen im beruflichen und persönlichen Bereich verursacht werden, können unvorstellbare Auswirkungen auf die Gedanken und das Leben der Menschen haben, und diese Auswirkungen können für jeden Einzelnen andere sein. Die Verwirrung, die durch solche Szenarien entsteht, soll von Führungskräften durch den Einsatz rationaler Überzeugungsmethoden kontrolliert werden.

Wenn Sie eine Führungskraft sind, besteht der erste Schritt, den Sie immer machen müssen, wenn Ihnen eine große Verantwortung übertragen wird, darin, das Feld, in das Sie gestellt werden, mit besonderer Hingabe zu verstehen und zu studieren. Mit der richtigen Begründung kann jedes Argument, das für eine Form von Widerstand bürgt, der die Arbeit der Organisation behindern könnte, durch eine rationale Debatte vonseiten der Führungskraft entkräftet werden. Mit Metakognition, aufmerksamer Forschung und praktischer Überzeugungsarbeit kann eine Führungspersönlichkeit ohne Zweifel auch in den schwierigsten Zeiten ein starkes Argument vorbringen.

Rationale Überzeugungsarbeit kann Ihnen helfen, eine Ausschreibung zu gewinnen oder die Argumente für Ihre Präsentation zu verstärken. Kein Wunder, dass diese Form der Überzeugungstechnik oft mit Manipulation verwechselt wird. Sie ist jedoch etwas ganz anderes. Debatten und Diskussionen, die Darlegung aller Vor- und Nachteile eines Themas und sogar die Ausarbeitung strategischer Pläne mit einer umfassenden Analyse können dem Publikum dabei helfen, zu begreifen, dass die Ideen der Führungskraft viel authentischer und realistischer sind. Manipulation, wenn Sie so wollen, aber nicht mit einer negativen Konnotation.

Der Hauptzweck der rationalen Überzeugungsarbeit besteht letztlich darin, Ihre Ideen zu den Ideen aller anderen zu machen. Es ist sehr wichtig, sein Ego beiseitezulassen und nicht zu denken, dass man für jede Arbeit, die man leistet, die Lorbeeren ernten wird. Es wird eine Zeit kommen, in der es Meinungsverschiedenheiten zwischen den Teammitgliedern geben wird, aber es hängt alles von der Einstellung des Leiters ab, der mithilfe einer rationalen Methode wie dieser dazu beitragen wird, jegliche Form von Problemen zu lösen.

Emotionale Überzeugungskunst

Man muss zweimal oder besser gesagt mehrmals nachdenken, bevor man behauptet, dass man sich in seinen Entscheidungen nie von seinen Emotionen beeinflussen ließ und immer nur dem rationalen Denken treu geblieben ist. Tatsache ist, dass wir alle in unserem Leben von bestimmten Emotionen beeinflusst werden, und das kann sich wiederum auf unsere berufliche Situation auswirken. Emotionen spielen eine sehr wichtige Rolle im Prozess der Überzeugung und letztlich auch bei der Beeinflussung der Meinung anderer. Dies ist der Grund, warum emotionale Überzeugungsarbeit eher zu einer Meinungsänderung führen kann.

Shanelle Mullin schreibt in ihrem Artikel mit dem Titel „Emotional Persuasion: The Advanced Guide" (zu Deutsch: „Emotionale Überzeugungskunst: Der Leitfaden für Fortgeschrittene") darüber, dass Emotionen bei der Überzeugung eine große Rolle spielen. Sie beschreibt, wie der renommierte Neurologe António Damásio mit den Auswirkungen von Emotionen auf Aspekte der Entscheidungsfindung experimentierte. Es ist interessant zu wissen, dass er seine Studie an Menschen durchführte, die einen Hirnschaden hatten und nicht in der Lage waren, Gefühle zu empfinden. Um die Conversion-Optimierung zu verstehen, muss man wissen, wie diese Studie ablief. Alle Studienteilnehmer verhielten sich normal. Was jedoch auffiel, war, dass diese Menschen nicht in der Lage waren, Entscheidungen zu treffen, nicht einmal einfache Entscheidungen wie die Wahl des Essens oder der Kleidung.

Das Gehirn ist auch für die Entstehung der verschiedenen Emotionen verantwortlich. Das neuronale System besteht aus zwei Gehirnhälften. Die linke Hälfte ist mit Emotionen wie Stolz, Wut und Glück verbunden. Die rechte Hälfte des Gehirns hingegen ist für Emotionen wie Angst, Ekel und Vermeidung zuständig. In der Psychologie wird dies oft als duale Verarbeitung bezeichnet. Nach dieser psychologischen Theorie werden die beiden Systeme des Gehirns auch als System eins und System zwei bezeichnet, wobei das Erste mit den unbewussten, automatischen, wenig anstrengenden und schnellen Eigenschaften verbunden ist, während das Zweite mit den bewussten, kontrollierten, anstrengenden und langsamen Eigenschaften verbunden ist. Mit einfachen Worten kann man sagen, dass System eins unseres Gehirns für unser logisches Verhalten verantwortlich ist und System zwei für die emotionalen Entscheidungen, die wir treffen, wobei es aber auch dazu neigt, diese Gedanken später zu rationalisieren.

Es wurde beobachtet, dass emotionale Überzeugungsarbeit auf dem Weg zur Meinungsänderung mehr Erfolg hat. Anhand einfacher Beispiele aus dem Bereich des Kaufverhaltens lässt sich zeigen, auf welche Weise Emotionen einen Menschen dazu bringen, etwas zu konsumieren, ohne es vorher rational zu überdenken. Werbeagenturen können dies bestätigen. Die meisten Anzeigen, die wir sehen, konzentrieren sich darauf, wie wir uns auf emotionale Art mit dem Gedanken verbinden, ein Produkt zu kaufen. Wenn Sie zahlreiche erfolgreiche Werbekampagnen analysieren, werden Sie verstehen, wie emotionale Trigger genutzt werden, um eine Idee oder ein Produkt zu verkaufen. Nehmen Sie das Beispiel der Schuh-Marke TOMS, denn diese Marke ist für ihr soziales Engagement bekannt. Wenn Sie ein Paar TOMS-Schuhe kaufen, bürgt die Marke dafür, dass sie ein Paar Schuhe an ein unterprivilegiertes Kind spendet. Die philanthropischen Emotionen, die mit dieser Marke verbunden sind, sind es, die sich in den Köpfen der Verbraucher festsetzen und bleiben. So sehr sich die Marke auch für bedürftige Kinder einsetzt, kann man aus Verbrauchersicht nicht leugnen, dass die überwältigenden Emotionen, die der Gedanke an eine gute Sache auslöst, bemerkenswert sind.

Daher kann man sagen, dass emotionale Überzeugung auf unzählige Arten genutzt werden kann. Auf die Bedürfnisse anderer zu achten und dementsprechend selbst beachtet zu werden, kann eine Taktik sein, die in vielerlei Hinsicht hilfreich ist und den Grundstein für emotionale Überzeugung legt.

Die überzeugende Führungskraft

Überzeugende Führung ist ein Stil, bei dem die Meinungen der Menschen angehört und Entscheidungen getroffen werden, um sich Ziele zu setzen, ohne dass dabei die allgemeine Zufriedenheit der Menschen aus dem Auge verloren wird. Diese Methode umfasst die Partizipations-, Delegations-, Kooperations- und interessanterweise auch die Laissez-faire-Methode. Diese Methoden funktionieren jedoch auf ihre eigene Art. Die Überzeugungsarbeit ist, einfach ausgedrückt, die Hauptquelle all dieser Methoden, da sie sich mit dem Wunsch mehrerer Personen befassen, eine Entscheidung herbeizuführen, die die Bedingungen aller erfüllt.

Kommen wir gleich zur Sache und erörtern wir die verschiedenen Möglichkeiten, um eine überzeugende Führungskraft zu werden:

- Bereiten Sie den Weg: Als Führungskraft müssen Sie Ihre Ziele klar definieren und Strategien ausarbeiten, um Ihre Visionen in die Tat umzusetzen. Sie müssen verstehen, wie wichtig es ist, Menschen davon zu überzeugen, nach Ihren Vorstellungen zu arbeiten. Seien Sie sich der Tatsache bewusst, dass Menschen nicht gerne direkt überredet werden. Zwanghafte Überzeugungsarbeit kann zu Widerstand und Polarisierung führen. Seien Sie offen für Dialog und Feedback und nutzen Sie beides, um die Situation zu verbessern.

- Schaffen Sie Glaubwürdigkeit: Von einer Führungspersönlichkeit wird ein aufrichtiges Verhalten erwartet. Jede Führungspersönlichkeit, deren Aussagen man vertrauen kann, ist in der Lage, die Menschen mit Leichtigkeit zu überzeugen und auf ihre Seite zu ziehen. Seien Sie klar und ehrlich, was Ihre Meinung angeht, und vermeiden Sie es, intrigant und manipulativ zu wirken.

- Verstehen Sie die Zuhörerschaft: Eine Führungskraft hat mit den unterschiedlichsten Menschen und Orten zu tun. Sie werden nicht in der Lage sein, vorherzusagen, welche Art von Begegnungen Sie in naher Zukunft auf Ihrem Weg als Führungskraft haben werden. Studieren Sie die Menschen, mit denen Sie zu tun haben, und machen Sie sich ein Bild von ihnen. Achten Sie darauf, dass Sie ihre Gefühle nicht verletzen. Nur wenn Sie das Wesen Ihres Publikums verstehen, können Sie es überzeugen.

- Tun Sie, was richtig ist: Auf dem Weg zum Ziel werden Sie an jeder Ecke auf Situationen treffen, die Kompromisse erfordern. Sie müssen sich den Herausforderungen mit Mut und Entschlossenheit stellen und dementsprechend über alle Aspekte der Situation nachdenken. Nur, wenn Sie die Situation richtig einschätzen, können Sie die richtige Entscheidung treffen. Ohne Vorurteile und Voreingenommenheit wird eine Führungskraft in der Lage sein, fundierte Entscheidungen zu treffen, die sich sowohl für die Gegenwart als auch für die Zukunft als nützlich erweisen werden.

- Vermeiden Sie persönliche Absichten: Keine Führungskraft sollte auf dem Weg zur Erreichung der kollektiven Ziele ihre persönliche Agenda und ihr Ego einbringen. Wenn Sie persönliche Motive einbringen, besteht die Gefahr, dass Sie als egozentrische und egoistische Führungskraft angesehen werden und Ihr Image leidet. Dies kann das Hauptziel der Beeinflussung von Menschen stark beeinträchtigen und statt der Erreichung dieses Ziels werden Ihre negativen Eigenschaften in den Vordergrund gestellt.

- Verwenden Sie eine verlockende Sprache: Eine gute Redekunst kann die Aufmerksamkeit des Publikums fesseln. Sprechen Sie mit Klarheit und sorgen Sie für knackige und fesselnde Argumente. Wenn Sie die Aufmerksamkeit Ihrer Zuhörer nicht halten können, werden Sie sie nicht davon überzeugen können, etwas zu tun.

- Legen Sie Beweise vor: Von Führungspersönlichkeiten wird nicht erwartet, dass sie ohne gründliche Nachforschungen und Details über die von ihnen behandelten Themen sprechen. Alle ihre Argumente und Debatten müssen durch Schaubilder, Diagramme usw. mit Daten und Fakten belegt werden. Indem Sie korrekte Daten vorlegen, können Sie dem Publikum Ihr authentisches und professionelles Verhalten beweisen.

- Seien Sie sympathisch: Es ist schwierig, jemanden zu überzeugen, der sich nicht in irgendeiner Weise mit Ihnen identifizieren kann. Als Führungskraft sollten Sie wissen, was die emotionale Bindung des Publikums auslöst, diese Emotionen ansprechen und den Zuhörern Ihre Sichtweise verständlich machen, was ihnen in Zukunft zugutekommen kann.

Wir haben also gesehen, dass Überzeugung und ihre verschiedenen Arten etwas ganz anderes sind als bloße Beeinflussung. Obwohl es manchmal fast unmöglich ist, zwischen diesen beiden Methoden zu unterscheiden, kann man sagen, dass es für eine Führungskraft nicht falsch ist, diese beiden Methoden gelegentlich austauschbar zu verwenden, um ein positives Ziel zu erreichen.

KAPITEL 6:
KONSULTATION UND DER KOOPERATIVE ANSATZ IN DER FÜHRUNG

Konsultation und Kooperation sind zwei Begriffe, die den Kern jeder Organisation bilden, deren Fundament der Respekt für alle Mitglieder der Belegschaft ist. Beides sind Beeinflussungstaktiken, die von Führungskräften eingesetzt werden, um ihr Publikum zu beeinflussen.

Der Grund dafür, dass diese beiden Faktoren nicht greifbar sind, liegt darin, dass in der wettbewerbsorientierten Welt von heute nicht viele Mitarbeiter bereit sind, regelmäßig zusammenzuarbeiten. Sie sind mehr damit beschäftigt, miteinander zu konkurrieren, und das manchmal auf zu aggressive Weise. Infolge eines solchen Konkurrenzkampfes an der beruflichen Front fühlen sich viele erschöpft, was sich schließlich negativ auf die allgemeine Produktivität auswirkt. Ein genauerer Blick auf diese beiden Methoden kann daher von Vorteil sein.

Konsultation: Eine Taktik der Beeinflussung

Die Konsultation wird in vielerlei Hinsicht als Taktik eingesetzt, um Einfluss zu gewinnen. Einfach ausgedrückt bedeutet dies, dass eine andere Quelle als die Führungsperson gebeten wird, bei der Beeinflussung einer Gruppe von Menschen zu helfen. Die Beratungsbranche floriert, und ihre Bedeutung wächst von Tag zu Tag. Immer mehr Menschen und Unternehmen suchen nach Möglichkeiten, ihre Organisationen zu verbessern, indem sie das Fachwissen von Experten in Anspruch nehmen. Es ist weithin bekannt, dass Konsultation eine Methode ist, die vor allem in Organisationen eingesetzt wird, die die Meinung aller respektieren und Wert auf eine demokratische Entscheidungsfindung legen.

In Unternehmen und sogar in verschiedenen Regierungsstellen werden häufig zahlreiche Personen als Berater eingestellt und ernannt. Unter diesen vielen Mitarbeitern gibt es einige wenige, die als Berater für die Führungskräfte fungieren und ihnen bei den Entscheidungsprozessen helfen. Die meisten dieser Personen werden intern für die Position vorgeschlagen, und häufig wird ein erfahrener Berater für diese Aufgabe eingestellt. Berater sind wie Change Agents in der Regel damit betraut, neue Ideen und wirksame Techniken vorzuschlagen, um die Annäherung an die festgelegten Ziele schnell und reibungslos in Gang zu bringen.

Konsultation ist ein wirksames Instrument, das von zahlreichen Unternehmen eingesetzt wird, um ihren Markenwert zu steigern. Sie gilt als eine zwischenmenschliche Methode, die das Potenzial hat, eine Vielzahl von arbeitsbezogenen Problemen anzugehen und zu lösen. Bei der Konsultation geht es jedoch nicht nur darum, Ratschläge zu erteilen und Menschen zu überreden, eine bestimmte Richtung einzuschlagen, sondern sie kann weit mehr als eine Gelegenheit betrachtet werden, auf unvoreingenommene Weise mit der Führungskraft und den Mitarbeitern zusammenzuarbeiten. In vielen Betrieben wird die Konsultation auch als gesetzliche Vorschrift betrachtet, die für ein gesundes und sicheres Arbeitsumfeld dringend erforderlich ist. Durch Debatten und Diskussionen, die von Konsultationsexperten untersucht werden, kann eine Führungskraft die möglichen Ursachen für Widerstand und die allgemeine Einstellung der Arbeitnehmer ermitteln. Daher kann die Konsultation als eine wirksame Methode der Überzeugung bezeichnet werden, die nach deren Grundsätzen und auch deren der Beeinflussung funktioniert.

Warum Kooperation wichtig ist

Die Kooperation ist für das Management der Bindung zwischen Führungskraft und Angestellten sowie für die Dynamik zwischen Arbeitgeber und Arbeitnehmer von wesentlicher Bedeutung. Kooperation kann nur dann stattfinden, wenn Menschen einander respektieren und bereit sind, einander zuzuhören. Es ist eine Praxis, die den Mitgliedern einer Organisation hilft, als Team zusammenzuarbeiten, auch bei unterschiedlichen Herausforderungen. Diese Managementpraxis bringt die Perspektiven aller am Team und seiner Arbeit Beteiligten zusammen, um der Organisation zu nutzen.

In letzter Zeit wird diese Methode von Managern verschiedener Organisationen in unterschiedlichen Sektoren immer häufiger angewandt. Es handelt sich um eine Theorie bzw. einen Stil, der nicht dem konservativen Top-Down-Ansatz der hierarchischen Struktur folgt. Dieser Stil stellt die Vorstellung infrage, dass die übergeordneten Machthaber Entscheidungen für alle Bereiche der Organisation treffen, ohne jegliche Erkenntnisse der Mitarbeiter zu berücksichtigen. Der kooperative Ansatz schafft ein Gefühl der Einheit zwischen den Managern und ihren Mitarbeitern, das den Boden für reibungslose Geschäftsentscheidungen bereitet. Es handelt sich um strategische Geschäftsprozesse, bei denen die Grundwerte des Unternehmens im Vordergrund stehen. Durch die Praxis der Zusammenarbeit inspirieren die Manager und Führungskräfte die gesamte Belegschaft dazu, in ähnlicher Weise zu arbeiten. Durch die Festlegung von Grundregeln, wie und was befolgt werden sollte, um zusammenarbeiten zu können, sind die Führungskräfte ein Beispiel anhand ihres eigenen Handelns. Dies wird von den zahlreichen anderen Mitarbeitern aufmerksam beobachtet, und natürlich entwickeln sie gemeinsam die Gewohnheit, es den Führungskräften gleichzutun.

Jedes Führungsprogramm, so heißt es, beginnt mit der Führungskraft, und es liegt an ihr, es zum Erfolg zu führen oder durch ihre Einstellung und ihr Ego künftige Blockaden aufzubauen. Indem sie eine gute Arbeitsmoral verkörpert und mit dem Rest des Teams zusammenarbeitet, kann eine Führungskraft eine Atmosphäre der Sicherheit und ein Zusammengehörigkeitsgefühl für alle anderen Mitglieder der Organisation schaffen. Die Transparenz, mit der sie den Erfordernissen der Situation nachkommt, kann bei den anderen ein Gefühl des Vertrauens hervorrufen.

Bei der Kooperation geht es darum, alle unterschiedlichen Meinungen mitzuteilen und anzuhören, um die beste Entscheidung für das Team zu treffen. Die Führungskräfte, die diesen Ansatz verfolgen, sorgen dafür, dass die Mitarbeiter ein angenehmes und sicheres Umfeld vorfinden, in dem sie sich öffnen und ihre ehrlichen Gedanken und Ideen äußern können. Nur durch die Zusammenarbeit mit Menschen mit unterschiedlichen Hintergründen und Fähigkeiten kann man eine globale Perspektive und vielfältiges Wissen erreichen.

Dies ist nicht nur ein innovativer Prozess, sondern viele Studien haben im Laufe der Jahre zudem bewiesen, dass eine positive Atmosphäre am Arbeitsplatz die Produktivität steigern kann. Laut Forbes ist die Wahrscheinlichkeit höher, dass Mitarbeiter, die anerkannt und gefördert werden, eine höhere Leistung erbringen. Man sieht also, auf welche Weise eine Führungskraft mithilfe der richtigen Kooperation zahlreiche Entscheidungen zum Wohle des gesamten Teams umsetzen kann, ohne dabei auf einen Widerstand zu stoßen.

Steigern Sie Ihren kooperativen Einfluss

Die kooperative Beeinflussung ist eine Taktik, die eine Vielzahl von agilen Strategien erfordert. Alle Führungskräfte, die diese Methode anwenden wollen, müssen zunächst das Motivationsniveau des Publikums verstehen. Sie müssen sich fragen, welches die Trigger sind, die die Denkprozesse der übrigen Teammitglieder beeinflussen. Im Folgenden finden Sie einige dieser Taktiken, die zur Erzeugung kooperativen Einflusses eingesetzt werden können:

- Beobachten Sie den Grad der Motivation des Publikums. Die Motivation lässt sich im Allgemeinen in drei Ansätze unterteilen, die auf Gefühlen, Erwartung und sozialer Zugehörigkeit beruhen. Versuchen Sie herauszufinden, auf welcher Grundlage sich die Zuhörer mit der neuen Veränderung verbunden fühlen oder was genau die Gründe sind, die sie dazu bringen, Widerstand zu leisten.

- Lernen Sie das Problem kennen und lösen Sie es dann. Berücksichtigen Sie die Anforderungen der Mitarbeiter, bevor Sie neue strategische Ziele festlegen. Holen Sie sich deren Meinung rechtzeitig ein. Auf diese Weise geben Sie ihnen das Gefühl, dass ihre Meinung wichtig ist und berücksichtigt wird.

- Schätzen Sie die individuellen Stärken und akzeptieren Sie die Tatsache, dass eine Organisation nur dann optimal arbeiten kann, wenn alle Mitarbeiter ihre Fähigkeiten einsetzen, um ein fruchtbares Ergebnis zu erzielen. Ein Unternehmen kann nie von der Führungskraft allein geführt werden; es erfordert Zusammenarbeit, um die Arbeitskraft zu erhöhen. Nur wenn die Fähigkeiten der gesamten Belegschaft genutzt werden, kann das Unternehmen gedeihen.

- Fördern Sie die digitale Zusammenarbeit, um viele metaphorische und physische Hindernisse für die Mitarbeiter zu überwinden. Durch die Benutzung von digitalen Geräten können Teams einen effizienten Weg finden, ihre Arbeit zu erledigen. Der Einsatz digitaler Technologien kann die Hindernisse überwinden, die durch die Fernarbeit und die häufige Nichterreichbarkeit von Mitarbeitern entstehen können. Videokonferenzen, Team-Chat-Fenster und Instant Messaging können dazu beitragen, die Kommunikation effizienter und effektiver zu gestalten. Digitale Kommunikationstools wie die G-Suite von Google sind sehr gefragt, da sie Vorgänge wie die Erstellung von Dateien, die Bearbeitung und das Versenden an das Team viel bequemer machen als die alten Verfahren, die Zeit und Geduld erfordern.

- Eine Führungspersönlichkeit muss ein Zeichen der Zusammenarbeit setzen, indem sie ihre Absichten direkt äußert. Sie sollte immer darauf vorbereitet sein, von Fragen und Zweifeln angegriffen zu werden. Achten Sie darauf, dass die Aussicht auf Zusammenarbeit nicht negativ beeinflusst wird. Erreichen Sie stattdessen durch Diskussionen einen Punkt, an dem Sie Lösungen für die Probleme finden.

- Die Erstellung einer Liste von Problemen, die die Aufmerksamkeit der Führung erfordern, ist ein Muss, um eine Form von Veränderung herbeizuführen. Die Probleme sind vielleicht nicht immer direkt sichtbar, aber es ist die Aufgabe der Führungskraft, die tieferen Ursachen des Widerstands zu erforschen.

- Eine Führungskraft sollte immer durch einen Notfallplan vorbereitet sein. Sie sollten immer einen Plan B haben – für den Fall, dass Plan A fehlschlägt. Arbeiten Sie mit dem Rest des Teams zusammen, um eine Lösung zu finden, die die Interessen aller Beteiligten berücksichtigt.

- Prüfen Sie sorgfältig alle Bereiche, in denen eine umfassende Zusammenarbeit möglich ist und zu gewinnbringenden Möglichkeiten in der Zukunft führen kann. Achten Sie stets darauf, die Lösungsoptionen einzugrenzen – damit Ihr Plan durchführbar ist, sollte überprüft werden, ob die Lösungen mit ihm übereinstimmen.

Es zeigt sich also, dass man mit dem taktvollen Einsatz von kooperativen Führungstechniken nicht nur Ziele setzen und sie leicht erreichen kann, sondern vor allem eine Atmosphäre schafft, die auf gegenseitigem

Vertrauen und Ehrlichkeit beruht, und das ist es, was beim Aufbau starker Beziehungen hilft.

Kooperative Führung

Die Macht der Einheit darf auf keiner Ebene unterschätzt werden, und wenn eine Führungskraft sich diesen positiven Faktor zu eigen macht, kann sie die Organisation sprunghaft zum Erfolg führen. Durch strategisches Denken, Kommunikation und Einfühlungsvermögen kann die Führungskraft dazu beitragen, die praktischen Fähigkeiten der Mitarbeiter zu verbessern. Es wird davon ausgegangen, dass die Zusammenarbeit die Stimmen der Menschen stärkt, und kooperative Führungskräfte arbeiten verantwortungsbewusst an der Entwicklung des Ganzen, denn durch eine kooperative und kollektive Anstrengung werden die Leistungskennzahlen auf verschiedene Weise steigen.

Die Atmosphäre einer jeden Organisation ist untrennbar mit den Beziehungen und dem aufrichtigen Respekt zwischen den Führungskräften und den anderen Mitarbeitern verbunden. Die Fähigkeit der meisten Führungskräfte, gute Kooperationsbeziehungen aufzubauen, entscheidet über ihre Position als Führungskraft. Mit den folgenden Fähigkeiten kann man jedoch leicht eine erfolgreiche kooperative Führungskraft werden:

- Kooperative Absicht: Geschäftliche Auseinandersetzungen können nicht nur von emotionalen Ansätzen geleitet werden. Die Debatten, die zur Lösung führen, sollten immer auf rationale Art geführt werden, und vor allem sollte die Führungskraft immer eine Präsenz zeigen, die nicht defensiv ist. Die Führungskraft muss sich bewusst dazu verpflichten, mit gegenseitigem Respekt zu arbeiten. Diese nicht defensive Präsenz der Führungskraft wird oft als „grüne Zone" bezeichnet; zu ihr gehören Menschen, die mit einvernehmlichen Lösungen zum Erfolg führen wollen. Im Gegensatz dazu wird den Menschen der „roten Zone" nachgesagt, dass sie einen defensiven Modus anstreben, der auf Schuldzuweisungen beruht. Probleme sollten nie als Kämpfe betrachtet werden, sondern auf eine Art und Weise behandelt werden, die auf Zusammenarbeit ausgerichtet ist, was die Beziehungen und die Leistung auf lange Sicht weiter verbessern kann.

- Eigenverantwortung: Eine Führungskraft, die mit anderen zusammenarbeitet, sollte verantwortungsbewusst genug sein, um die Verantwortung für die eigenen Handlungen und Pläne zu übernehmen. Jeder geschäftliche Schritt kann unvorhergesehene Folgen haben, die sowohl beabsichtigt als auch unbeabsichtigt sein können. Negatives Denken führt nur dazu, dass wir die vor uns liegenden Möglichkeiten und Entscheidungen nicht erkennen. Echte Führungskräfte müssen sich immer der Konsequenzen bewusst sein, die eine von ihnen getroffene Entscheidung haben kann. Daher sollten sie stets die Meinungen aller Gruppen einbeziehen und dann eine endgültige Entscheidung auf der Grundlage von Logik und intensiven Studien treffen. Die Eigenverantwortung wird sie nicht nur mit einer starken Geschäftsethik ausstatten, sondern sie auch in den Augen der Menschen, die ihnen folgen, authentischer machen.

- Selbsterkenntnis: Eine echte Verpflichtung zur Selbsterkenntnis und langfristig auch zur Reform der Arbeitskultur einer Organisation ist für eine Führungskraft erforderlich. Effektive Entscheidungen zu treffen, um die anderen Mitglieder der Organisation zu sensibilisieren, ist eine wesentliche Fähigkeit, auf die jede Führungskraft achten muss. Die Situationen können unterschiedlich sein, und auch die Ziele können entsprechend variieren. Es ist die Führungskraft, die ihre Hand ausstrecken muss, um die Menschen dabei zu unterstützen, selbstreflektierend zu werden. Die Kontaktaufnahme mit den eigenen inneren Gefühlen, Werten, Absichten und Ängsten kann eine unglaubliche Wirkung auf die Verhaltensmuster der Menschen haben. Eine Führungskraft muss diesen Gefühlen auf den Grund gehen und die Hauptgründe für das betreffende Verhalten herausfinden. Ein Team kann nur dann optimal arbeiten, wenn sich seine Mitglieder in einem guten geistigen und körperlichen Zustand befinden. Durch die Förderung der Selbsterkenntnis unter den Mitarbeitern kann eine Führungskraft dafür sorgen, dass sie diese ungenutzten Emotionen und

Fähigkeiten zum Nutzen des Einzelnen und der Organisation im weiteren Sinne einsetzen.

- Verhandlungsgeschick: Eine der wichtigsten unternehmerischen Fähigkeiten ist das Verhandlungsgeschick. Hin und wieder wird eine Organisationsstruktur mit einigen Problemen konfrontiert. Es hängt alles von der Führungskraft ab, die durch eine vollständige Verweigerungshaltung jede Form von Konflikten vermeiden oder mit Beharrlichkeit und Strategien zu einer Lösung der bestehenden Probleme beitragen kann. Jeder Mensch kann mit Schwierigkeiten konfrontiert werden, wenn er eine Beziehung oder ein Engagement aufrechterhalten will, sei es im privaten oder beruflichen Bereich. Unabhängig davon, wie kooperativ, verantwortungsbewusst, nicht defensiv, wahrheitsliebend und selbstbewusst diese Person sein mag, wird ein Mangel an Verhandlungsgeschick zu massiven Problemen führen. Das Aushandeln und Überarbeiten eines Geschäftsvertrags erfordert immensen Mut und Selbstvertrauen. Der Mut, der erforderlich ist, um ein Geschäft zu verhandeln und an einer Entscheidung festzuhalten, um die Meinung der Gegenseite zu beeinflussen, kann nicht nur schwierig aufzubringen sein, sondern birgt auch Risiken. Eine Führungskraft, die mit anderen zusammenarbeitet, muss über Verhandlungsgeschick verfügen, ohne die das Funktionieren eines Geschäfts zu einer überfordernden Aufgabe werden kann.

- Vertrauenswürdigkeit: Es hat sich immer wieder gezeigt, dass Wahrhaftigkeit beim Aufbau jeder Art von Beziehung hilfreich ist. Eine Führungskraft muss eine wahrheitsliebende Einstellung haben, aber sie sollte auch immer die Wahrheit sagen. Unsicherheiten und Misstrauen unter den Mitgliedern einer Organisation gehören zu den Hauptursachen, die zur Dysfunktion des Systems führen. Zuzuhören ist der Schlüssel zum Verständnis der Sichtweise eines anderen, und wenn Führungskräfte keine geduldigen Zuhörer sind, werden sie sich davor fürchten, von den Menschen angesprochen zu werden. Solche Gründe können allein schon zu zahlreichen unnötigen Kommunikationsproblemen führen und auf lange Sicht schwierige Fragen aufwerfen. Eine aufgeschlossene Haltung und ein Ansatz, der auf Wahrheit und Ehrlichkeit beruht, können dazu beitragen, eine solide Grundlage zwischen Führungskräften und ihren Anhängern zu schaffen.

Bei der Kooperation geht es darum, in gegenseitigem Einvernehmen zu arbeiten, und nur mit der Fähigkeit zur Zusammenarbeit kann man in jedem Bereich, in dem man tätig werden will, erfolgreich sein. Die Belegschaft ist die Grundlage für den Erfolg jeder Organisation, und wenn die Menschen in einer beruflich gesunden Weise betreut werden, dann wird das Ergebnis sehr positiv sein. Durch die Einbeziehung des Konzepts der Selbsterkenntnis kann eine kooperative Führungspersönlichkeit die Menschen dazu bringen, ihren Selbstwert zu erkennen, und so ein vertrauensvolles und erfüllendes Teamumfeld schaffen.

KAPITEL 7:
INSPIRIERENDER APPELL: FÜHREN MIT INSPIRATION, VISION UND WERT

Führungspersönlichkeiten, die es schaffen, zu inspirieren, haben auf ihrem Weg zum Erfolg beinahe die Hälfte ihrer Arbeit geleistet. Es heißt, dass viele Führungspersönlichkeiten eine breite Palette von Taktiken anwenden, um zu triumphieren. Im Gegensatz zur rationalen Überzeugung soll der inspirierende Appell durch das Auslösen von Begeisterung und Emotionen wirken.

Die Psychologie spielt den Menschen Streiche, um Inspiration in ihren Köpfen hervorzurufen. Der inspirierende Appell geht Hand in Hand mit überwältigenden Gefühlen der Sehnsucht, wie jemand anderes zu sein oder das zu erreichen, was jemand anderes bereits im Leben erreicht hat. Die Werte und die Ethik, die eine Führungspersönlichkeit vertritt, sollten offen und für die Gefolgschaft zugänglich sein. Dadurch entsteht ein Gefühl der Verbundenheit, das die Menschen gegenüber der Führungsperson empfinden.

Seit unserer Kindheit werden wir gefragt, wer uns inspiriert und was wir werden wollen, wenn wir erwachsen sind. Diese einfachen Fragen besitzen eine größere Tiefe. Seit jeher sind die Köpfe der Menschen durch Emotionen in Bezug auf Wünsche und Träume angezapft worden. Die Gefühle der Menschen reichen aus, um in ihnen einen Leistungseifer zu entwickeln, wenn sie erfahren, dass sie ihre Ziele sehr bald erreichen werden, wenn sie nur beharrlich bleiben.

Die Merkmale einer inspirierenden Führungskraft

Inspiration ist eine großartige Technik der Beeinflussung. Es handelt sich um eine Methode, mithilfe derer eine Person die Gedanken anderer kontrollieren kann, ohne dabei Aufsehen zu erregen. Sie funktioniert auf der Grundlage eines Bildes, das über einen längeren Zeitraum hinweg aufgebaut wurde. Dieser ist notwendig, weil es für Menschen schwierig ist, sich sofort inspirieren zu lassen und jemand anderen als Vorbild zu akzeptieren. Es braucht eine gewisse Zeit und eine bestimmte Einstellung, um die Eigenschaften und Leistungen anderer Menschen zu beobachten und schließlich von der sie umgebenden Aura gefangen genommen zu werden. Es gibt keine festen Regeln, die einen Menschen inspirierend machen. Vielmehr sind es seine inneren Fähigkeiten und seine Persönlichkeit, die den Ausschlag geben. Was sind jedoch die Merkmale, die eine Führungspersönlichkeit ausmachen, die an Inspiration, Vision und Werte glaubt? Hier sind ein paar Hinweise, um das Konzept dahinter zu verstehen:

Inspirierende Aktionen

Eine inspirierende Führungspersönlichkeit hält nicht nur motivierende Reden. Wer predigt, muss zuerst seine Theorien in die Tat umsetzen. Jede Führungskraft muss ihre Bereitschaft zeigen, sich auch mit den kleinsten Details zu befassen, die das allgemeine Wohlergehen der Organisation und der Mitarbeiter betreffen. Jedes Arbeitsumfeld ist im Zusammenhang mit der Erbringung von Dienstleistungen oder mit Kundenfragen zwangsläufig irgendwann mit Problemen belastet. Wenn die Lage angespannt ist, muss die Führungskraft ruhig bleiben und mit einem Höchstmaß an Arbeitsmoral auf eine Lösung hinarbeiten. Jede Reaktion auf eine Aktion wird immer von den Mitgliedern einer Organisation beobachtet. In schwierigen Zeiten muss eine Führungskraft auf sorgfältige Weise Besprechungen einberufen und gut durchdachte Strategien vorlegen, um die Probleme einzudämmen. Dieses Verhalten der Führungskraft ist ein inspirierendes Beispiel für die übrigen Mitarbeiter. Wenn sie sich daran ein Beispiel nehmen, werden sich auch die Angestellten in Stresssituationen geduldig und ruhig verhalten, so wie es ihre Führungskraft getan hat.

Kommunikation

Selbst die stärksten Beziehungen können an einem Mangel an angemessener Kommunikation scheitern. Missverständnisse sind die Wurzel des Übels in jeder Organisation. Die Menschen, die für die Organisation arbeiten, sollten sich immer sicher fühlen. Schon ein Hauch von Zweifel und auch Spekulationen können zu einer Hysterie der Verwirrung führen, die wiederum ein massives geschäftliches Desaster verursachen kann. Die Führungskräfte müssen darauf achten, dass die Mitarbeiter in einem gewissen Umfang in den Entscheidungsprozess einbezogen werden. Auf diese Weise stärken sie das Vertrauen der Menschen und geben ihnen ein Gefühl der Sicherheit. Die empfindliche Integrität einer Person muss mit äußerster Sorgfalt behandelt werden, und jede Entscheidung, die zu Veränderungen oder irgendetwas anderem führt, sollte in einem systematischen Prozess getroffen werden, ohne die Absicht, das Vertrauen der Menschen zu beschädigen. Es ist die Fähigkeit der Führungspersönlichkeiten, ihre Vision den Menschen auf eine solche interessante und klare Weise zu vermitteln, dass es ihnen ein unterstützendes Publikum verschafft.

Leidenschaft

Leidenschaft ist das, was Menschen dazu motiviert, durchzuhalten und sich regelmäßig um ihre Ziele zu bemühen. Es gibt ein Konzept, das als „geteilte Leidenschaft“ bezeichnet wird. Dieses kann von der Führungskraft genutzt werden, um bei den anderen Menschen die Leidenschaft dafür zu wecken, ein gemeinsames Ziel anzustreben und darauf hinzuarbeiten. Eine Führungspersönlichkeit muss andere dazu inspirieren, leidenschaftlich zu arbeiten, um im Leben erfolgreich zu sein. Die Mission der Organisation sollte auch mit dem individuellen Eifer der Menschen übereinstimmen, hart für das Ziel zu arbeiten. Eine Führungspersönlichkeit muss den Beteiligten mit viel Fingerspitzengefühl klarmachen, dass es sinnvoll ist, sich mit großer Leidenschaft für eine Sache einzusetzen. Indem sie ihnen ein größeres Szenario vor

Augen führt, kann eine Führungspersönlichkeit die Leidenschaft des Teams entfachen, um eine großartige Erfolgsrate zu erzielen.

Zuhören

Eine Führungskraft kann nicht in einer Blase leben, in der es kein Feedback und keine Bewertungen gibt. Damit Menschen vertikal wachsen können, müssen sie in Bezug auf ihre Führung und alles, was mit der Organisation zu tun hat, offen sein für die Meinungen anderer. Eine inspirierende Führungspersönlichkeit sollte immer ein offenes Ohr für die bedeutsamen Gedanken der Menschen haben, und durch eine solche Kommunikation wird die Führungspersönlichkeit in der Lage sein, viele Probleme der Menschen im Allgemeinen zu lösen.

Die Vision und der Auftrag der Führungskraft und der Organisation müssen mit den kollektiven Zielen der Menschen übereinstimmen. Es hat sich gezeigt, dass Führungskräfte, die ansprechbar sind, eher in der Lage sind, andere zu überzeugen. Die Fähigkeit, zuzuhören ist eine weitere Eigenschaft, die eine inspirierende Führungskraft haben sollte. Wie können Führungskräfte glauben, dass sie andere inspirieren können, wenn sie nicht wissen, was ihr Gegenüber gerade denkt? Um die richtige Aufmerksamkeit zu bekommen, müssen sie sich darauf konzentrieren, das Eis zu brechen, das durch die hierarchische Struktur entsteht, und einfachere Wege einführen, um den Bedürfnissen der Menschen gerecht zu werden.

Einbeziehung

Wenn die Mitarbeiter das Gefühl haben, übergangen zu werden, treten innerhalb der Organisation echte Probleme auf. Eine Führungskraft muss den Menschen das Gefühl geben, dass sie inspiriert werden, indem sie sie in viele Angelegenheiten einbezieht. Es muss klar sein, dass mit Einbeziehung nicht nur formale Umfragen und Feedback-Prozesse gemeint sind.

Eine Führungspersönlichkeit muss verstehen, dass es die Gefolgschaft ist, die die Position der Führungspersönlichkeit ausmacht. Ausgehend von einer genaueren Betrachtung sollte die Führungskraft daher große Anstrengungen unternehmen, um den Menschen das Gefühl zu geben, gebraucht zu werden und mit der Organisation verbunden zu sein. So kann beispielsweise die Einbeziehung der Meinung der Beteiligten bei einer einfachen Entscheidung über einen Prozess dazu beitragen, die durch die hierarchischen Strukturen verursachte Kluft zu überbrücken. Das allgemeine Gefühl, als Teil der Organisation betrachtet zu werden, und die Einbeziehung in viele Entscheidungen, die die Prozesse betreffen, kann die Moral der übrigen Mitarbeiter erheblich steigern.

Integrität und Vertrauen

Integrität ist das, was einen Menschen auch in schwierigen Zeiten standhaft bleiben lässt, und Vertrauen ist etwas, das die Dynamik einer Beziehung verändern kann. Wenn Ihnen als Führungskraft ein Großteil Ihrer Anhängerschaft nicht vertraut, kann dies Ihrer Karriere und Ihrem persönlichen Wachstum erheblichen Schaden zufügen. Die Bedeutung von Vertrauen und Integrität darf unter keinen Umständen unterschätzt werden. Die Menschen vertrauen ihren Führungskräften, wenn diese ihnen ein Gefühl der Sicherheit vermitteln. Eine Führungspersönlichkeit muss inspirierend genug sein, um eine Atmosphäre zu schaffen, die auf Respekt und Vertrauen basiert. Es ist eine Tatsache, dass sich Vertrauen nicht in kurzer Zeit aufbauen lässt. Es muss über einen längeren Zeitraum erarbeitet und bewiesen werden. Die Richtung, die eine Führungskraft vorgibt, und der Weg, den die Gefolgschaft einschlägt, sind nicht immer identisch, aber es ist die Persönlichkeit der Führungskraft, die den Anhängern helfen kann, den richtigen Weg zu wählen. Jede Führungspersönlichkeit muss sich bemühen, ein integres Leben zu führen, denn ihr Verhalten und ihre Entscheidungen werden von anderen immer aufmerksam verfolgt. Auf diese Weise kann sie den Geist der Menschen beeinflussen und sie dazu bringen, eine positive Richtung einzuschlagen.

Darauf achten, was die Menschen wollen

Der Gedanke an lohnende Ergebnisse kann eine große Triebkraft für Menschen sein, auf ihre Ziele hinzuarbeiten. Wenn Führungskräfte diese psychologische Tatsache verstehen, müssen sie alles in ihrer Macht Stehende tun, um ihren Mitarbeitern das Gefühl zu geben, dass ihre gute Arbeit wertgeschätzt wird. Die Gewährung einer Gehaltserhöhung ist nicht immer möglich, da dies eine umfangreiche strategische

Planung und Prüfung erfordern würde. Doch Führungskräfte können auf ihre Weise Belohnungen organisieren, um Menschen mit unterschiedlichen Fähigkeiten und Fertigkeiten anzuerkennen. Ein einfaches Schulterklopfen kann in solchen Fällen Wunder bewirken, um die Energie und das Selbstvertrauen der Mitarbeiter zu stärken. Lob und Anerkennung machen Lust auf mehr und führen dazu, dass man bei der Arbeit sein Bestes gibt.

Aus all diesen Gründen folgen die Menschen bestimmten Führungspersönlichkeiten und ignorieren andere. Führung hat nicht immer etwas mit einer Berufsbezeichnung zu tun, sondern ist eher eine inspirierende Position, und die Person in dieser Position hat die Macht, die Gedanken vieler Menschen auf fruchtbare Weise zu beeinflussen. Als wirklich inspirierende Führungspersönlichkeit gilt jemand, der leidenschaftlich, zielstrebig und ein großartiger Zuhörer ist und der der Rolle, die er innehat, einen immensen Wert verleiht.

Die Kunst, Menschen zu inspirieren

Es ist ziemlich unwahrscheinlich, dass eine Führungskraft eines Konzerngiganten über die Komplexität des Aspekts, Menschen zu inspirieren, nachgedacht hat. Ein CEO mag mit den Tricks und Kniffen des Geschäfts, an dem er beteiligt ist, gut vertraut sein, aber sich selbst als Führungskraft zu präsentieren, die sich darauf konzentriert, die Angestellten zu ermutigen und zu bestärken, kann mehr erfordern, als man annimmt. Menschen zu inspirieren und sich den Hut einer inspirierenden Führungspersönlichkeit aufzusetzen, ist nie eine leichte Aufgabe.

Starke zwischenmenschliche Fähigkeiten und das Geschick, mit den übrigen Mitarbeitern zusammenzuarbeiten, sind das, was die Macht einer Führungskraft ausmacht. Die Bezeichnung „Kunst" rührt daher, dass es ein angeborenes Talent braucht, um diese Aura der Inspiration um die eigene Persönlichkeit zu legen. Hochkarätige Geschäftsleute sind vielleicht außergewöhnlich gut darin, millionenschwere Geschäfte abzuschließen, aber ihre Fähigkeit, andere Mitglieder ihrer Firma zu inspirieren, ist möglicherweise sehr gering. Um eine erfolgreiche Führungspersönlichkeit zu werden, sind geschäftliche Fähigkeiten zweifellos sehr wichtig, aber auch hier können Kommunikation und die Begabung zu positiven Interaktionen auf ihre eigene Weise von Vorteil sein. Der Punkt ist, dass manche Menschen zwar technisch versiert sind, aber wenn es darum geht, zwischenmenschliche Beziehungen zu entwickeln und ein gutes Verhältnis zu anderen zu pflegen, sind sie möglicherweise nicht gut darin. Dies kann sich nachteilig auf die Popularität der Führungskraft auswirken und sogar dazu führen, dass ihr in naher Zukunft Chancen verwehrt werden.

Es erfordert große Anstrengungen und es ist nicht einfach, das Ziel zu erreichen, eine Führungskraft zu werden, zu der die Menschen aufschauen. Hier sind jedoch einige Punkte, die als Erinnerung dienen und Sie auf Ihrem Weg, eine Inspiration für andere zu werden, leiten können:

- Positives Denken ist der Schlüssel zum Erfolg.
- Aufgeschlossenheit kann viel bewirken.
- Mit der Macht kommt die Verantwortung.
- Dankbarkeit ist wichtig.
- Selbsterkenntnis hilft, Probleme mit dem Ego zu vermeiden.
- Respektieren Sie die Integrität aller.

Man kann also sagen, dass es Ausdauer und mehrere Kompromisse erfordert, um eine Führungspersönlichkeit zu werden, die für den Rest der Organisation inspirierend ist.

Die inspirierende Führungskraft

Wie wir bereits erwähnt haben, ist die Frage, worum es bei der Führung geht und welche Rolle die Inspiration bei der Umsetzung des Führungskonzeptes spielt, von großer Bedeutung. Eine Führungskraft, die mit einer Vision und einer Mission vor Augen führt, hat das Potenzial, die Person zu sein, der andere folgen wollen. Eine inspirierende Führungspersönlichkeit ist jemand, der weiß, wie wichtig es ist, von seinen Anhängern unterstützt zu werden, und der bereit ist, die notwendigen Schritte zu unternehmen, um seine eigenen Vorlieben und Abneigungen zurückzustellen, damit die Bedürfnisse seiner Anhänger erfüllt werden können.

Die Hauptaufgabe einer inspirierenden Führungskraft muss das kontinuierliche Wachstum der Organisation und ihrer Mitarbeiter sein. Die Führungskraft sollte die Menschen nicht nur mit Worten inspirieren, sondern auch versuchen, wesentliche Veränderungen am Arbeitsplatz herbeizuführen, die dazu beitragen, das Gleichgewicht zwischen Arbeit und Privatleben der Mitarbeiter zu verbessern. Eine Führungspersönlichkeit glaubt fest an ihre Grundwerte und die Unternehmensethik und muss als Vorbild für viele Menschen fungieren, um sie auf den richtigen Weg zu führen.

Inspirierende Führungskräfte sind nicht einfach nur irgendwelche Führungskräfte. Sie delegieren ihre Entscheidungen nicht nur an ihre Angestellten und Kollegen, sondern sind auch dafür bekannt, dass sie sich in jeden Aspekt des Managementprozesses und der Mitarbeiter-Veranstaltungen einbringen. Die Entscheidungen, die unter ihrer Führung getroffen werden, sind oft in Mitgefühl begründet, sodass auch Menschen, die keine Macht haben, durch harte Arbeit in der Organisation gedeihen können. Mit ihrer sympathischen Ausstrahlung und ohne die Anwendung von angstbasierten Taktiken, die auf Manipulation der Menschen beruhen, gehören sie zu den am meisten respektierten Führungskräften. Inspirierende Führungspersönlichkeiten glauben an die Einbeziehung von Vielfalt, sie betrachten Fehler als Möglichkeiten, dazuzulernen, und glauben fest daran, dass gute Arbeit und Anstrengungen gewürdigt werden.

KAPITEL 8:
WIE MAN EIN FÜHRUNGSVERMÄCHTNIS AUFBAUT

Unser ganzes Leben lang streben wir danach, uns das Leben aufzubauen, von dem wir immer geträumt haben. Es ist ein nie endender Prozess, bei dem die meisten ehrgeizigen Menschen versuchen, ein Gleichgewicht zwischen ihrem Privat- und ihrem Berufsleben herzustellen. Der hektische Lebensstil und der Eifer, immer mehr zu erreichen, lassen oft wenig Zeit, um darüber nachzudenken, welches Erbe die Menschen hinterlassen werden, wenn sie schon lange tot sind.

Es ist ein Thema, das zum Nachdenken anregt und das die Perspektive einer Person tiefgreifend beeinflussen kann, je nachdem, welche Arbeit sie leistet und was sie erreicht hat. Der Begriff „Vermächtnis" bezieht sich auf etwas Wertvolles, das in physischer oder inspirierender Form vorliegen kann und durch das wir in Erinnerung bleiben. Die Beiträge, die Sie in den verschiedenen Bereichen Ihres Lebens leisten, machen Sie letztendlich zu der Person, die Sie sind. Das Vermächtnis eines Menschen kann mit seiner Denkweise und seinen Handlungen in Bezug auf konkrete Dinge in Verbindung gebracht werden. Das Konzept, ein starkes Vermächtnis zu schaffen, kann ein ermutigender Faktor sein, wenn es darum geht, die Bemühungen der Führungskraft zu bestimmen, weiter auf höhere Ziele hinzuarbeiten.

Die Grundsätze des Führungsvermächtnisses

Eine einflussreiche Position wie die einer Führungskraft ist mit einer Fülle von anspruchsvollen Aufgaben verbunden. Die meisten Führungskräfte denken von Zeit zu Zeit über das Vermächtnis nach, das sie geschaffen und hinterlassen haben. Was kann also als solch ein Vermächtnis angesehen werden? Diese Frage kann zu zahlreichen kritischen Überlegungen anregen. Doch zusammenfassend lässt sich sagen, dass die Entscheidungen, die eine Führungspersönlichkeit zu Lebzeiten trifft, direkt oder indirekt einen deutlichen Einfluss auf das Erbe haben, das sie hinterlässt.

Ein bemerkenswertes Beispiel für diesen Aspekt ist das des ehemaligen CEO von General Electric (kurz: GE), Jack Welch. Laut Forbes forderte er seine Mitarbeiter einmal auf, bei ihren Entscheidungen eine Frage im Hinterkopf zu behalten, und zwar die Frage, ob das, was sie tun, dem Unternehmen einen großen Gewinn bringen würde. Es heißt, dass diese Frage einen enormen Einfluss hatte, und die Gewinne von GE stiegen von 13 Milliarden Dollar im Jahr 1981 auf 480 Milliarden Dollar im Jahr 2000. Dies ist ein klares Beispiel dafür, wie eine Führungskraft mit der richtigen Technik der Einflussnahme jedes Unternehmen und jeden Arbeitsplatz verändern kann.

Es gibt zwar keine Abkürzungen, um eine inspirierende Führungspersönlichkeit zu werden, aber einige der folgenden Vermächtnisprinzipien können Ihnen helfen, das Konzept besser zu verstehen und Sie bei Ihren Bemühungen anzuleiten:

Binden Sie Mitarbeiter ein

Ein Hauptgrund, warum viele Unternehmen Zeit für Programme zur Mitarbeiterbindung aufwenden, ist, dass es für die Menschen, die Tag und Nacht für ein Unternehmen arbeiten, wichtig ist, ein Gefühl der Zugehörigkeit zu empfinden. Organisatorische Grenzen werden oft von den übergeordneten Machthabern in der hierarchischen Struktur festgelegt. Es ist die Vision der Führungskräfte, die das Funktionieren einer Organisation bestimmt.

Mangelnde Kommunikation und Koordination zwischen den verschiedenen Mitgliedern der Organisation kann zu Problemen führen, die für niemanden von Vorteil sind. Daher sollte eine Führungskraft immer die notwendigen Schritte unternehmen, um den Menschen zu erklären, welche Maßnahmen aus welchen Gründen ergriffen werden. Wenn die Führungskraft eine klare Vorstellung von der Vision hat, kann sie die Mitarbeiter dazu inspirieren, besser auf die neuen Ziele hinzuarbeiten, anstatt noch mehr Verwirrung zu stiften.

Konzentration

Die Menschen sind es, die dafür sorgen, dass eine Organisation funktioniert. Führungskräfte müssen das Humankapital respektieren und sollten Wege finden, ihr Interesse an den Meinungen und der Arbeitsweise der Mitarbeiter zu zeigen. Das Hauptziel für eine Führungskraft, die sich auf einer Mission befindet, ist es, den größtmöglichen Teil der Menschen zu erreichen, die am Funktionieren der Organisation beteiligt sind. Erkundigen Sie sich nach den nicht erreichbaren Teilen der Belegschaft und besuchen Sie sie persönlich. Durch unangekündigte Besuche können Sie sich ein Bild von der realen Situation am Arbeitsplatz machen. Wenn Sie als Führungskraft die Initiative ergreifen, um mit diesen Personen in Kontakt zu treten, bemühen Sie sich, dies so zu tun, dass keine Mittelsmänner die Chance haben, die Person vorzuwarnen. Auf diese Weise können Sie sich ein Bild von der Lage der Arbeitnehmer machen und ihnen auf vielfältige Weise helfen. Konzentration ist der Schlüssel, und wenn Sie sich auf die Ressourcen Ihres Unternehmens konzentrieren, können Sie als Führungskraft mit gutem Beispiel vorangehen.

Legen Sie die Bedingungen fest

Die Schaffung eines Umfelds, das für einen fleißigen Mitarbeiter geeignet ist, kann ein weiterer Schritt zur Verbesserung der Leistung der Organisation sein. Die Führungskräfte sollten die Voraussetzungen dafür schaffen, dass jeder Mitarbeiter in dem Unternehmen in seinem Bereich hervorragende Leistungen erbringen kann. Hier sind einige Möglichkeiten, wie Sie Bedingungen schaffen können, die den Anforderungen des Teams entsprechen:

- Setzen Sie sich Ziele entsprechend der Rolle und den Bezeichnungen.
- Sie sollten einen klaren schriftlichen Erwartungskodex haben.
- Vergewissern Sie sich, dass der Arbeitsplatz den Fähigkeiten der Mitarbeiter entspricht.
- Gewinnen Sie Unterstützung auf höchster Ebene.
- Setzen Sie sich mit der Personalpolitik auseinander.

Daher kann es sehr nützlich sein, eine Reihe von Bedingungen für das reibungslose Funktionieren der Prozesse zu schaffen. Es gibt viele Fälle, in denen Menschen die Tendenz haben, mündlich übermittelte Aufträge zu vermeiden, und am Ende des Tages neigen viele sogar dazu, sie zu vergessen. Indem Sie solche klaren Bedingungen aufstellen, setzen Sie nicht nur Grenzen für sich selbst, sondern machen sich auch die genauen Erwartungen an Ihre derzeitige Arbeitsstelle bewusst. Indem Sie klare Bedingungen aufstellen, lassen sich viele Komplikationen weitgehend lösen.

Inspirieren Sie

Menschen folgen Führungspersönlichkeiten aufgrund ihrer inspirierenden Persönlichkeit und der Ausstrahlung, die sie auf andere ausüben. Führungspersönlichkeiten fungieren oft als Change Agents bei der Einführung neuer Reformen. Der Wandel ist ein komplexes Thema und hat das Potenzial, ein schreckliches Chaos zu bewirken. An Führungspersönlichkeiten, die ein Vermächtnis hinterlassen haben, wird man sich erinnern, weil sie einen neuen Wandel herbeigeführt und sich um die Menschen gekümmert haben, die ihnen gefolgt sind.

Wenn Führungspersönlichkeiten eine Situation mit Witz und Verstand meistern, hebt sie dies von anderen ab.

Inspiration ist ein Konzept, das ohne Zwang oder hartes Engagement funktioniert und einfach auf dem Respekt beruht, den eine Person einer anderen entgegenbringt. Es ist die Art von Respekt, die man sich verdient hat und die nicht durch Forderungen manipuliert wird. Es ist eines der ermutigendsten Gefühle, zu wissen, dass jemand anderes sich von einem inspiriert und motiviert fühlt. Das Gefühl, dass jemand anderes die gleichen Ziele erreichen will wie man selbst, ist eine Bestätigung dafür, dass man etwas richtig gemacht hat. Allein dieses Gefühl der Motivation von außen wird Sie dazu bringen, sich im Gegenzug höhere Ziele zu setzen. Der einzige Zweck der Inspiration besteht darin, auf subtile Weise mehr Einfluss auf eine andere Person auszuüben als jede andere verfügbare Quelle es könnte.

Zeigen Sie, wo Sie stehen

Eigenwerbung ist kein negativer Ansatz, wenn es darum geht, als eine Führungskraft, die in der Lage ist, ein Vermächtnis von außergewöhnlicher Arbeit zu hinterlassen, die eigene Leistung zu präsentieren. So wichtig es auch ist, das Gesamtziel der Organisation anzustreben, so wichtig ist es auch, die Arbeit hervorzuheben, die Sie leisten, um der Organisation einen Mehrwert zu bieten. Auch bei den Rückmeldungen, die eine Führungskraft zu den Leistungen ihrer Mitarbeiter geben sollte, ist darauf zu achten, dass sie genau und rechtzeitig erfolgen. Es geht darum, die verschiedenen Zweifel, die den Mitarbeitern auf der Seele liegen, auf die bestmögliche Weise anzusprechen und sie aus der Welt zu räumen.

Bei rechtzeitigem Feedback haben die Betroffenen die Möglichkeit, so schnell wie möglich an Problemen zu arbeiten und sich zu verbessern. Wenn sich das Feedback anhäuft und erst zu einem späteren Zeitpunkt gegeben wird, lässt das Interesse an der Bearbeitung mit der Zeit nach. In einer solchen Situation können sich viele nicht mehr auf das Feedback konzentrieren und daher nicht mit der gleichen Entschlossenheit daran arbeiten, wie sie es zum richtigen Zeitpunkt getan hätten. Das in Vancouver ansässige Unternehmen ResponseTek beispielsweise führte eine Software ein, mit deren Hilfe sich das Feedback eines Verbrauchers zu einem Mitarbeiter sofort erfassen ließ. Jedes Mal, wenn ein Kunde ein Produkt kaufte, schickte das Unternehmen eine Nachricht an das Telefon des Kunden, um ihn zu fragen, wie der jeweilige Verkäufer gearbeitet hatte. Wenn der Kunde schließlich sein Feedback abgab, wurde der Mitarbeiter umgehend kontaktiert, um ihm mitzuteilen, in welchen Bereichen er sich verbessern muss.

Führungskräfte, die ein Vermächtnis erschaffen wollen, sollten ehrgeizig sein und nach Dingen streben, die einen Fußabdruck hinterlassen werden. Die meisten dieser Führungskräfte nehmen aktiv an Wissenstransferprozessen teil, indem sie ihr Fachwissen mit den Menschen teilen, die für sie arbeiten. Man kann also sehen, wie verschiedene Wege einer Führungskraft helfen können, ein Vermächtnis zu hinterlassen.

Ein Führungsvermächtnis aufbauen

Es ist ein weitverbreiteter Irrtum, dass ein Vermächtnis gegen Ende der beruflichen Laufbahn geschaffen werden muss. Sie können mit der gleichen Kraft und Leidenschaft auf die Schaffung eines lebendigen Vermächtnisses hinarbeiten. Schon der Gedanke, dass Sie sich fragen, welche Auswirkungen Ihr Leben haben wird, ist aufregend genug.

Die verschiedenen Kämpfe und Turbulenzen, denen Sie im Laufe Ihrer Karriere begegnen, werden zu Ihrem endgültigen Erfolg oder Misserfolg beitragen. Doch Ihr gesamtes Können wird Ihnen helfen, die Zeiten der Prüfungen zu überstehen. Der Aufbau eines Vermächtnisses ist nicht nur ein Schritt, den Sie unternehmen können, um nach Ihrem Ausscheiden aus der Arbeitswelt einen guten Ruf zu hinterlassen, sondern er kann Ihrem Leben auch einen großen Sinn geben. Das Herzblut, das Sie in das Ziel stecken, Ihre zukünftigen Jahre besser zu machen, ist die Mühe immer wert.

Der erste Schritt zum Aufbau eines Führungsvermächtnisses besteht darin, die Ziele, die Sie zu Lebzeiten erreichen möchten, klar zu formulieren und aufzuschreiben. Konzentrieren Sie sich auf die Ziele, die für Sie oberste Priorität haben, und denken Sie eine Weile über sie nach.

Den Zweck der Führung definieren

Die Vorstellung von Führung kann sehr subjektiv sein. Eine Person kann in vielerlei Hinsicht eine Führungspersönlichkeit sein. Wenn Sie den Zweck von Führung definieren, können Sie entscheiden, was Führung für Sie bedeutet und wie Sie Ihre Führungsrolle aufbauen wollen.

Es gibt Führungspersönlichkeiten, die ihr Vermächtnis in verschiedenen Bereichen hinterlassen haben. Führungspersönlichkeiten aus den Bereichen Politik, Technologie, Wissenschaft, Bildung, Medizin, Geld, Business usw. haben der Geschichte ihren Stempel aufgedrückt. Es ist jedoch nicht so einfach, ein Vermächtnis für sich selbst zu definieren und zu schaffen, wie es klingt. Die Führungspersönlichkeiten, die als „Vermächtnis-Führer“ gelten, haben in ihrer Vergangenheit scheinbar unerreichbare Ziele erreicht und erfolgreich Reformen durchgeführt, die das Leben vieler Menschen verändert haben. Doch es reicht nicht aus, Beispiele berühmter inspirierender Führungspersönlichkeiten zu zitieren, um dasselbe zu tun. Nahezu jeder CEO und jede Führungskraft hätte den Titel „Vermächtnis-Führer“ verdient, wenn es nur darum ginge, inspirierende Reden zu halten.

Die Chancen, die sich Ihnen bieten, und die Erfahrungen, die Sie im Laufe Ihres Lebens sammeln, sind die Bausteine für Ihre Karriere als Führungskraft. Letzten Endes können keine externen Faktoren Ihre Karriere so sehr fördern wie Ihre harte Arbeit und Ihr beharrliches Bemühen, in Ihrem Job hervorragende Leistungen zu erbringen. Heutzutage ist festzustellen, dass immer mehr Menschen in Führungspositionen darauf bedacht sind, ein Vermächtnis für sich selbst zu hinterlassen. Was einige dieser Führungskräfte jedoch übersehen, ist, dass ein Vermächtnis nicht etwas ist, das man erst erreicht, wenn man die Szene verlässt, sondern es ist ein fortlaufender Prozess während der gesamten Karriere.

Die Zielsetzung, die den Führungskräften im Namen des Vermächtnisses auferlegt wird, ist etwas, worüber man nachdenken sollte. Es ist ziemlich überzeugend, dass viele Führungskräfte motiviert sind, ihren Fahrplan für das Erreichen höherer Ziele im Leben frühzeitig festzulegen, um eines Tages ein Vermächtnis hinterlassen zu können. Daher kann es absolut nicht schaden, sich unermüdlich darum zu bemühen, diesen Status irgendwann zu erreichen.

Zu stellende Fragen

Jeder Versuch, etwas zu lernen oder ein Ziel zu erreichen, erfordert einen wachsamen Geist und das Stellen von unzähligen Fragen. Wie man so schön sagt, gibt es keine dummen Fragen. Denn wie können Sie überhaupt daran denken, Ihre Pläne, als Führungspersönlichkeit ein Erbe zu hinterlassen, weiterzuverfolgen, ohne auch nur einen Funken Zweifel zu haben? Es ist völlig normal, sich Fragen zu stellen, und es wird auch als eine der besten Methoden angesehen, um dazuzulernen. Wenn Sie anfangen, darüber nachzudenken, wie und warum Sie ein Vermächtnis hinterlassen wollen, werden Sie sicherlich mit vielen Fragen konfrontiert werden. Wie kann man sich vorstellen, eine solche sich langfristig auswirkende Führungskraft zu werden, ohne sich dabei irgendwelche Sorgen zu machen? Fragen sind legitim und sollten gestellt werden; Zweifel sollten ausgeräumt werden, wenn sie aufkommen. Fragen zu stellen ist das Beste, was man tun kann, um mehr zu erfahren.

Einige der Fragen, die Ihnen vielleicht in den Sinn kommen, sind die folgenden:

- Warum möchte ich ein Erbe erschaffen, und was bringt mich dazu, auch nach meinem Tod einen Fußabdruck von mir hinterlassen zu wollen?
- Wie fühle ich mich als eine solche Führungskraft, wenn ich meine Arbeit und meine Geschäftsstrategien hinter mir lasse?
- Wie soll mein Unternehmen in drei oder fünf Jahren dastehen?
- Welche Werte möchte ich meinen Mitarbeitern im Besonderen hinterlassen?

Diese Fragestellung muss nicht nur für Sie selbst gelten. Wenn Sie möchten, können Sie auch andere vertrauenswürdige Mitglieder der Organisation einbeziehen, damit sie Ihnen ihre ehrliche Meinung mitteilen. Sie könnten ihnen die gleichen Fragen stellen und die verschiedenen Gedankengänge vergleichen, die sich in all ihren Fragen und Antworten widerspiegeln. Indem Sie ernsthafte Pläne wie diese machen, können Sie sich selbst dazu bringen, in jeder Hinsicht einen langfristigen Eindruck zu hinterlassen.

Wie möchten Sie die Welt beeinflussen?

Ein großes Konzept führt nicht immer zu einer großen Führungspersönlichkeit. Die Art und Weise, in der diese Pläne umgesetzt werden, trägt zur Entwicklung der Persönlichkeit der Führungskraft bei. Um zum Hauptpunkt zu kommen: Wie man als Einzelner die Welt beeinflussen würde, ist eine sehr subjektive Frage. Einige würden sagen, dass sie sich Frieden wünschen, während andere davon träumen, mehr Geld zu verdienen. Es gibt keine einheitliche Antwort, denn keine zwei Menschen denken auf dieselbe Weise. Selbst der Versuch, die Perspektiven zweier Menschen in Bezug auf ihre persönlichen Ziele zu verglechen, wäre unklug. Daher kann es unfair sein, die Wünsche der vielen angehenden Führungskräfte auf einen einzigen zu reduzieren. Eine allgemeine Perspektive dazu, welche Maßnahmen ergriffen werden könnten, um die Welt in positiver Weise zu beeinflussen, kann jedoch ausführlich diskutiert werden:

Versuchen Sie, der Gesellschaft etwas zurückzugeben

Bei der Führung geht es nicht nur darum, die Spitzenposition in einem Unternehmen oder einer Organisation anderer Art zu erlangen. Qualität ist etwas, das nicht jeder besitzen kann, oder besser gesagt, es dauert lange, bis man die Feinheiten versteht, die eine echte Führungspersönlichkeit ausmachen. Es gibt viele solcher Führungskräfte, die nicht nur ein Vermächtnis hinterlassen wollen, sondern auch einen Beitrag zur Gesellschaft leisten wollen. Indem sie in Weiterbildungen investieren, verbringen die meisten Führungspersönlichkeiten im Laufe ihres Lebens viel Zeit mit dem Lernen und oft auch mit dem Sich-Abgewöhnen der Dinge, die sie zuvor für richtig hielten. Mit der Zeit sammeln sie immense Erfahrungen und Kenntnisse, die sie an neue Mitarbeiter und Menschen, die wie sie eine Führungsposition anstreben, weitergeben möchten. Indem sie ihr hart erarbeitetes Wissen und ihre Anekdoten weitergeben, wollen sie der nächsten Generation zum Erfolg verhelfen und sie bereichern.

Setzen Sie sich für die gute Sache ein

Mit der Macht, die Führungspersönlichkeiten besitzen, ist es möglich, sich für Dinge einzusetzen, die der Gesellschaft in vielerlei Hinsicht zugutekommen können. Als Führungskraft können Sie innerhalb der Organisation Ihre Besorgnis über die Lohnungleichheit zwischen den

Geschlechtern zum Ausdruck bringen, und außerhalb des Arbeitsplatzes können Sie sich für eine beliebige Sache einsetzen. Es muss nicht unbedingt etwas sein, das große Aufmerksamkeit erregt, es kann auch eine einfache Sache sein, die das Potenzial hat, einem bestimmten Teil der Gesellschaft, in der wir leben, zu nutzen. Wenn eine Führungspersönlichkeit ihre Macht und ihren Einfluss auf die richtige Weise für wertvolle Anliegen einsetzt, wird man in naher Zukunft mit Sicherheit das Vermächtnis wertschätzen, welches sie hinterlässt.

Vereinen Sie Mitarbeiter

Was nützt es, Einfluss zu haben, wenn man ihn nicht auf seine Gefolgsleute ausüben kann? Alle Mitarbeiter, unabhängig von ihrer Funktion, sind für das Unternehmen, für das sie arbeiten, von größter Bedeutung. Die meisten Führungskräfte sind voller neuer Ideen und Strategien, und sie brauchen Mitarbeiter, um diese Ideen umsetzen zu können. Eine Führungskraft muss sich immer dessen bewusst sein, wie wichtig es ist, sich mit den Mitarbeitern zusammenzuschließen. Sie können eine Gruppe von Menschen einsetzen, um die Botschaft Ihrer Vision mit Klarheit zu verbreiten, wie eine Art von Werbung. Indem Sie mit den Mitgliedern Ihrer Organisation kommunizieren, können Sie den Denkprozess der Mitarbeiter, mit denen Sie regelmäßig in Kontakt sind, beeinflussen. Sie können nur dann eine Inspiration für viele Menschen sein, wenn Sie sich eine solche Reichweite aufbauen, was eine engagierte Kommunikationspraxis voraussetzt.

Heißen Sie Vielfalt willkommen

Ein Büro mit globaler Ausrichtung ist ein idealer Arbeitsort. Als Führungskraft müssen Sie dafür sorgen, dass das Gleichgewicht zwischen den verschiedenen Geschlechtern am Arbeitsplatz gewahrt bleibt. Menschen verschiedener Kulturen, Gemeinschaften und Religionen sollten alle die gleiche Chance erhalten, sich unter Ihrer Führung zu entfalten. Wenn Sie als Führungskraft Menschen aus verschiedenen Ländern und Gemeinschaften einstellen, haben Sie Zugang zu unterschiedlichen Ideen und Perspektiven. Vielfalt kann den normalen Arbeitsprozess einer Organisation sehr bereichern. Eine Organisation mit vielfältigen Mitarbeitern hat eine höhere Chance, in verschiedenen Situationen zu überleben und zu gewinnen. Wo unterschiedliche Perspektiven im Spiel sind, ist ein interessantes Publikum vorprogrammiert. Die Atmosphäre eines Arbeitsplatzes wird von seinen Mitarbeitern geprägt, und wenn es eine vielfältige Mischung von Fähigkeiten und Ideen gibt, wird das Unternehmen mit Sicherheit besser gedeihen.

Seien Sie interessant

Es gibt viele Menschen auf der Welt, die vielleicht die gleiche Vision predigen, die Sie im Sinn haben. Es ist jedoch die Art und Weise, in der Sie Ihre Geschichte Ihrem Publikum präsentieren, die Sie interessant macht und dazu führt, dass Sie von vielen akzeptiert werden. Eine Führungspersönlichkeit muss nicht immer ein ernstes Gesicht machen. Wie man so schön sagt: Respekt muss man sich verdienen und nicht einfordern. Daher ist es nur logisch, dass die Menschen Sie als Führungskraft respektieren werden, wenn sie Sie als Person mögen. Wenn Sie mit Menschen interagieren, versuchen Sie, hier und da ein paar persönliche und berufliche Anekdoten zu erzählen, um das Interesse der Zuhörer zu wecken. Je sympathischer diese ihre Führungskraft finden, desto eher werden sie an sie glauben. Und was gibt es Besseres, als von zahllosen Menschen geliebt zu werden und von ihnen als eine Führungspersönlichkeit erinnert zu werden, die ein Vermächtnis geschaffen hat?

Üben Sie sich in Freundlichkeit

Was könnte in einer rauen, wettbewerbsorientierten Welt attraktiver sein als ein freundlicher Mensch? Freundlichkeit und Empathie tragen wesentlich dazu bei, dass sich Menschen sicher und respektiert fühlen. Indem sich eine Führungskraft um die Gefühle und das Wohlbefinden ihrer Mitarbeiter kümmert, kann sie auch die Unterstützung ihrer Anhänger gewinnen. Indem eine Führungskraft mit ihren Mitarbeitern kommuniziert, ohne dabei arrogant und/oder dominant zu wirken, kann sie sie positiv beeinflussen. Die Arbeit kann erledigt werden, ohne dass eine feindselige Atmosphäre entsteht. Es handelt sich um eine wechselseitige psychologische Wirkung, bei der der Empfänger einer freundlichen Geste die Freundlichkeit erwidert. Mit dieser Methode kann eine Führungskraft die Mitarbeiter dazu bringen, nach ihren Wünschen zu arbeiten, ohne dass sie sich gestresst fühlen.

Unterstützen Sie andere

Der technologische Fortschritt und die zunehmenden professionellen Standards haben es einfacher gemacht, technische Unterstützung für alle Herausforderungen zu erhalten, die in den verschiedenen Branchen auftreten können. Menschliche Unterstützung, vor allem am Arbeitsplatz, wo extrem viel Wettbewerb herrscht, ist jedoch recht selten. Die Menschen sind so sehr in ihr normales Arbeitsleben vertieft, dass sich die Verbindung unter ihnen mit der Zeit und der Entfernung oft verändert. Dies ist ein grundlegendes menschliches Problem, mit dem viele Menschen konfrontiert sind, die Tag und Nacht für ihren Lebensunterhalt arbeiten. Eine Führungskraft kann sich auf ein solches Problem konzentrieren, um eine Veränderung in einer Arbeitskultur herbeizuführen, selbst dann, wenn sich die Menschen schon ziemlich daran gewöhnt haben. Das Gleichgewicht zwischen den Arbeitszeiten und der Zeit, die man mit der Familie, mit Freunden und mit sich selbst verbringt, sollte korrigiert werden. Solche Situationen lassen sich durch die gemeinsame Anstrengung aller Mitarbeiter bewältigen.

Treten Sie für die Bedeutung der psychischen Gesundheit ein

Weltweit hat sich das Bewusstsein für die Bedingungen der psychischen Gesundheit verbessert. Allgemein ist das Bewusstsein für psychische Gesundheit am Arbeitsplatz eine absolute Notwendigkeit. Eine echte Führungskraft sollte der Gesundheit jedes Mitarbeiters, auch derjenigen, die unter verschiedenen Formen psychischer Probleme leiden, immer Priorität einräumen. Oftmals können Stress und Negativität am Arbeitsplatz die Ängste einer Person noch verstärken, wenn sie unbemerkt und unbehandelt bleiben. Eine Führungspersönlichkeit, die ein Vermächtnis hinterlassen will, muss solchen Problemen Vorrang einräumen. Es sollten Anstrengungen unternommen werden, um das Arbeitsumfeld weniger frustrierend und positiver zu gestalten. Ein offenes Umfeld mit Mitarbeiter-Aktivitäten kann zeitweise organisiert werden, um die Menschen von der Arbeit und anderen persönlichen Belastungen und Problemen abzulenken. Es sollten je nach Wunsch der Mitarbeiter auch Beratungs- und Therapiesitzungen angeboten werden, und es muss großer Wert auf das ganzheitliche Wohlbefinden der Mitarbeiter gelegt werden.

Überwachen Sie Ihre Wirkung

Als Führungskraft sollte man seine Bemühungen, Erfolge und Fortschritte auf dem Weg zum Hauptziel regelmäßig sorgfältig überprüfen. Führen Sie ein Tagebuch, in das Sie alles eintragen, was mit Ihrer Zukunftsvision zu tun hat. Bei Bedarf können Sie sich auch mit

Ihren Kollegen und Angestellten austauschen und sich einen Überblick darüber verschaffen, wie sich Ihre Arbeit auf sie und das Unternehmen auswirkt. Kommunizieren Sie mit Ihren Vorgesetzten und Interessenvertretern und verschaffen Sie sich ein klares Bild davon, was diese von Ihren Strategien halten und wie Sie sich ihrer Meinung nach darstellen sollten. Konstruktives Feedback sollte von einem Profi immer willkommen geheißen werden. Nur wenn Sie sich anhören, was andere über Sie zu sagen haben, haben Sie die Chance, die Bereiche zu verbessern, die Ihnen Probleme bereiten. Beobachten Sie jeden Schritt, den Sie unternehmen, und prüfen Sie, wie er sich auf Ihre Gesamtleistung und Ihr Image auswirkt.

Ergreifen Sie kleine Chancen

Keine Chance sollte mit der Begründung abgelehnt werden, sie sei zu klein. Wenn man eine Chance unterschätzt, wird man das in der Zukunft eventuell sehr bereuen. Jede Anstrengung und jede Gelegenheit, die sich auf dem Weg bietet, trägt zu einem positiven Ergebnis bei. Selbst die kleinsten Gelegenheiten zu ergreifen, kann auf lange Sicht zu unerwarteten Ergebnissen führen. Eine Führungspersönlichkeit sollte nicht voreingenommen sein und eine Situation niemals aufgrund von Vorurteilen beurteilen. Die Art und Weise, auf die Sie selbst die kleinsten Gelegenheiten nutzen, um die Ziele Ihres Teams zu erreichen, zeigt Ihren wahren Geist als Führungskraft. Keine Gelegenheit kann für sich genommen klein oder groß sein. Es ist die Art und Weise, auf die Sie sie wahrnehmen, die sie zu etwas Großem macht. Indem Sie selbst die kleinsten Gelegenheiten wahrnehmen, können Sie Türen zu größeren Erfolgen öffnen.

Seien Sie ein Vorbild

Veränderungen können nur dann stattfinden, wenn Sie sich aktiv daran beteiligen. Ebenso können keine noch so brillanten Worte so gut für den Ruf einer Führungspersönlichkeit bürgen, wie ihr alltägliches Verhalten. Wenn Führungspersönlichkeiten die Absicht haben, ein Vermächtnis zu hinterlassen, müssen sie sich mit der Tatsache abfinden, dass keine noch so großen Leistungen und weisen Worte nützlicher sind als das Image, das sie sich durch jahrelange harte Arbeit und Beharrlichkeit erworben haben. Menschen blicken oft zu inspirierenden Führungspersönlichkeiten auf und wünschen sich, so zu sein wie sie. Aus diesem Grund haben wir bestimmte Vorbilder im Kopf. Viele Menschen sind motiviert, ihre Ziele zu erreichen, weil sie sich wünschen, so zu sein wie diese Vorbilder. Es ist nicht leicht, ein Vorbild zu sein. Jede Ihrer Handlungen wird hinterfragt, aber wenn Sie die richtige Motivation und das richtige Ziel vor Augen haben, können Sie die Messlatte sogar so hoch legen, dass Sie zu einem herausragenden Vorbild für künftige Generationen werden.

Halten Sie Ihr Vermächtnis unter Kontrolle

Eine Führungspersönlichkeit muss sich konsequent und unermüdlich anstrengen, um ein Vermächtnis hinterlassen zu können. Bei dem täglichen Arbeitsstress und der Arbeitsüberlastung ist es nur natürlich, dass man hin und wieder seine Ziele aus den Augen verliert.

Die Arbeitskultur ist heutzutage so, dass der Einzelne keine Zeit hat, sich auf andere Ziele als die regelmäßigen Arbeitsprojekte zu konzentrieren. Die Liefertermine und die Flut von E-Mails über den Tag und die Woche halten einen Menschen in Trab. So sehr, dass es extrem schwierig werden kann, Zeit für die eigenen Bedürfnisse zu finden, ganz zu schweigen von der Ausübung eines Hobbys oder einer zusätzlichen Aktivität. Als Führungskraft, die ein Vermächtnis hinterlassen will, muss man sich jedoch Zeit für sich selbst nehmen und eine tägliche Gewohnheit der Selbstreflexion kultivieren. Sie müssen sich dafür nicht unbedingt ein oder zwei Stunden Zeit nehmen. Schon zehn bis 30 Minuten reichen aus, um Ihr Ziel zu erreichen, und können sehr nützlich sein. Das Hauptziel besteht jedoch darin, wachsam zu bleiben und sich für die Träume zu begeistern, die Sie für sich selbst haben. Indem Sie sich immer wieder an Ihre Ziele erinnern, wird Ihre Konzentration nicht nachlassen und Sie werden motiviert genug bleiben, um alle zur Erreichung Ihres Ziels erforderlichen Übungen durchzuführen.

Das blitzschnelle Internet und die Plattformen der sozialen Medien von heute haben eine ganz eigene Wachsamkeit geschaffen. Prominente Führungspersönlichkeiten werden von der Presse und der Bevölkerung oft zusätzlich unter die Lupe genommen. Jede Verfehlung Ihrerseits, die sich auf den Ruf des Unternehmens und damit auch auf Sie selbst auswirkt, kann das gesamte Vorhaben, ein Führungsvermächtnis aufzubauen, beeinträchtigen. Daher ist es unerlässlich, jederzeit vorsichtig zu sein und ein Leben zu führen, das auf guter Moral und guter Arbeitsethik beruht.

Viele Vorstandsvorsitzende, leitende Angestellte und Manager lassen sich von speziellen Trainern beraten, um ihr Ziel des „Führungsvermächtnisses“ zu erreichen. Die Einbeziehung von Coaches in diese Situation ist ein klares Zeichen dafür, dass ihr Geschäft boomt, da ihre Kunden immer zahlreicher werden. Diese Bemühungen der Führungskräfte zeigen, dass das Gefühl, in ihrer Arbeitsmoral und ihren Ambitionen eine Spur von sich selbst zu hinterlassen, eine globale Wirkung hat.

Personen, die als Führungskraft ein Vermächtnis hinterlassen wollen, sollten sich vor Augen halten, dass sie mit einem außergewöhnlichen Ziel vor Augen arbeiten müssen. Aufgrund des harten Wettbewerbs steht sehr viel auf dem Spiel, und viele Menschen arbeiten mit Trainern für Führungskräfte zusammen, um ihre Führungsqualitäten zu verbessern. Es ist sehr wahrscheinlich, dass alle die gleichen Ziele anstreben. In einer solchen Situation ist es das Fingerspitzengefühl des Einzelnen, das ihm helfen wird, in dieser Komplexität zu manövrieren. Ein Vermächtnis entsteht nicht durch bloße Überlegungen und Planungen, es bedarf zusätzlicher Arbeit und eines unkonventionellen Denkansatzes, um die Strategie in Gang zu bringen. Führungspersönlichkeiten sollten sich von ihren Mitstreitern abheben, um als inspirierend zu gelten und in Erinnerung behalten zu werden.

Daher sollte sich jede Führungskraft ihrer selbst bewusst sein und sich auf die besten Eigenschaften konzentrieren, die sie persönlich und beruflich zu einem guten Menschen machen, um ein Vorbild für die Personen in ihrem Umfeld sein zu können. Diese Selbstbeobachtung kann der Führungspersönlichkeit dabei helfen, ihr Reich zu vergrößern und das bestmögliche Vermächtnis zu schaffen.

SIE SIND DRAN

Seit der Entstehung der Welt bis zum heutigen Tag haben sich Führungsrollen eine Nische geschaffen. Führung ist eine Rolle, die viele in verschiedenen Lebensbereichen gespielt haben, aber nur wenige haben es geschafft, sich in den Köpfen der Menschen einzuprägen. Führung ist auch eine Rolle, die auf vielen Ebenen ausgeübt werden kann. Die Fähigkeit einer Person, tiefe Bindungen mit einer großen Gruppe von Menschen einzugehen, wird durch ihre Großzügigkeit bestimmt. Jede Kultur oder Hautfarbe, jeder Glaube, jedes Land und jede Berufsgruppe hat Führungspersönlichkeiten hervorgebracht, die das Leben vieler Menschen beeinflusst haben.

Die Macht des Einflusses ist, wie wir in diesem Buch gesehen haben, ein Thema, das zu umfangreich ist, um mit einem einzigen Begriff zusammengefasst zu werden. Ähnlich verhält es sich mit dem Wort „Führungspersönlichkeit". Neben den offiziell ernannten Führungspersönlichkeiten in den verschiedenen Organisationen kann eine Führungspersönlichkeit auch ein junges Mädchen sein, das sich für Umweltfragen auf der ganzen Welt einsetzt, oder ein achtjähriger Junge, der seine Klasse in der Schule überwacht. Eine wirklich inspirierende Führungspersönlichkeit definiert sich nicht über die Position, sondern über die Denkweise und die Ziele, die sie sich setzt. Der Mehrwert, den eine Führungspersönlichkeit in einer einfachen Situation schafft, und die Beratung, die sie ihren Mitstreitern anbietet, um ihre Leistung zu steigern und ihre Work-Life-Balance zu verbessern, bilden die Grundlage für echte Führung. Das Verhalten und die Eigenschaften einer Führungskraft entscheiden darüber, ob er oder sie von vielen gemocht wird oder nicht. Die Gesamtsicht der Menschen auf das Verhalten der Führungskraft macht diese sympathisch. Interessanterweise haben wir gelernt, dass eine Führungskraft umso mehr Einfluss auf ein größeres Publikum hat, je mehr sie von anderen gemocht wird.

Die allgemeine Theorie besagt, dass eine Führungspersönlichkeit Spitzenleistungen erbringen sollte und sich nicht auf einige wenige banale Aufgaben beschränken sollte. Wirksame Führungskräfte sollten proaktiv sein und mit allen Ebenen der Belegschaft interagieren, ohne Voreingenommenheit oder abfällige Haltung. Sie sollten diejenigen sein, die eine große Rolle bei der Entwicklung eines Teams oder eines Unternehmens gespielt haben. In jüngster Zeit hat das Aufkommen von Influencern auf Social-Media-Plattformen das Muster des Einflusses dramatisch verändert. Influencer werden nicht umsonst so genannt, denn sie haben eine größere Reichweite, als man sich noch vor ein paar Jahren vorstellen konnte. Die Menschen fühlen sich von den Inhalten angezogen, die von Influencern erstellt werden. Heutzutage gehen die Menschen lieber auf soziale Netzwerke und sehen sich Werbevideos für Produkte an, die von Influencern erstellt wurden, als sich Werbung im Fernsehen anzusehen. Aufgrund dieser boomenden Influencer-Branche engagieren auch hochwertige Marken verschiedener Produkte mehrere Influencer, um ihre Produkte zu bewerben.

Zweifellos ist die Bedeutung des Einflusses nicht zu übersehen, wenn es darum geht, ein Image zu schaffen und manchmal sogar darum, das Gegenteil von etwas zu erreichen. Die austauschbaren Rollen von Macht und Einfluss sind ein wenig heikel und können sich bei zahlreichen Gelegenheiten in die Quere kommen. Macht ist nichts anderes als die Fähigkeit einer Person, die Gedanken und Verhaltensmuster eines anderen zu kontrollieren. Der Widerstand, der mit der Einführung einer neuen Struktur zur Bewirkung von Veränderung einhergeht, ist jedoch in jeder Situation neu zu verstehen. Keine zwei Situationen sind immer gleich, und es ist nicht unbedingt klug, jedes Mal die gleiche Methode anzuwenden.

In vielen Fällen verwechseln Menschen Manipulation mit der Logik der Beeinflussung. Die feine Grenze zwischen diesen beiden Konzepten ist von vielen Zweifeln umgeben, weil viele Einfluss mit Negativität in Verbindung bringen. Dieser Zusammenhang ist jedoch etwas einseitig, denn Einfluss kann auch genutzt werden, um positives Wachstum und Veränderungen in einer bestehenden Organisation zu bewirken. Solche Spekulationen können durch eine Führungspersönlichkeit ausgeräumt werden, die inspirierend ist und an die Relevanz dessen glaubt, bedeutende Veränderungen herbeizuführen.

Von der Definition von Macht und Einfluss bis hin zu den verschiedenen Arten von Führungsrollen, von den verschiedenen Überzeugungstechniken bis hin zu den definierten Zielen der Führung, vom inspirierenden Aspekt des Einflusses bis hin zum Modell der rationalen Beeinflussung, von der Bildung des wahren Charakters einer Führungspersönlichkeit bis hin zur Kontrolle des zu hinterlassenden Vermächtnisses haben wir uns erfolgreich mit allen Aspekten befasst, die mit dem Thema Macht und Einfluss zu tun haben und die aus der Sicht der heutigen und angehenden Führungskräfte relevant sind.

Die Macht, die mit der Position der Führungskraft verbunden ist, macht sie fähig, überall dort, wo es nötig ist, einen massiven Wandel herbeizuführen. Mehr noch, sie kann sich sogar um eine Veränderung der Arbeitskultur bemühen, auch wenn ihr das vielleicht einige Stolpersteine in den Weg legt. Wie gesagt bedeutet die Betonung der Bedeutung von Führungskräften nicht, dass die Aufgaben der anderen Mitarbeiter der Organisation weniger wichtig sind. Durch Zusammenarbeit und seriöse Beratungsprogramme können die Führungskräfte Veränderungen so effektiv wie möglich herbeiführen. In der Tat besteht der Einfluss, den Führungskräfte am häufigsten ausüben, darin, den anderen Mitarbeitern ein Gefühl für die Einhaltung der Arbeitsmoral zu vermitteln. Personalfragen und Programme zur Mitarbeiterbindung werden von den Führungskräften vor Ort mit Vorsicht behandelt. Daher ist es die Aufgabe der Führungskräfte, das

Team zusammenzubringen, indem sie die Mitarbeiter dazu bringen, strategisch nach dem Arbeitsplan zu arbeiten.

Betrachtet man die bedeutenden Rollen von Führungskräften und ihre Auswirkungen auf das persönliche und berufliche Leben der Mitarbeiter und Gefolgsleute genauer, so kommt man zu dem Schluss, dass die Macht der Einflussnahme eine Fähigkeit ist, die nur schwer zu nutzen ist, die man aber mit schierer Hingabe und Zuversicht erreichen kann. An dieser Stelle scheint es völlig angebracht, mit dem folgenden Sprichwort zu enden: „Führungskräfte sind immer einen Schritt voraus, lassen aber niemanden zurück. Führungspersönlichkeiten werden sowohl geboren als auch geschaffen, um Menschen zum Erfolg zu führen.“

QUELLEN

Allred, R. C. (17. Februar 2021). *The Persuasive Leader: A Summary.* Allred10. http://allred10.com/

Bazerman, M. H. (1. September 2020). *A New Model for Ethical Leadership*. Harvard Business Review. https://hbr.org/2020/09/a-new-model-for-ethical-leadership

Berger, J. (2016). Invisible Influence: The Hidden Forces that Shape Behavior. Simon and Schuster.

Berger, J. (2020). The Catalyst: How to Change Anyone's Mind. Simon and Schuster.

Bloom, E. (21. August 2019). *7 Key Influence Strategies*. Office Influence. https://officeinfluence.com/7-key-influence-strategies/

Botha, T. (26. August 2020). *How does Leadership Influence Change in an Organisation?*ChangeFolio. https://changefolio.com/

Carnegie, D., Cole, B. et al. (2011). How to Win Friends and Influence People in the Digital Age. In *Google Books*. Simon and Schuster.

Carter, L. (o.D.). *The 8 Questions To Ask To Create Your Leadership Legacy*. https://louiscarter.com/the-8-questions-leadership-legacy/

Cialdini, R. B. (2006). *Influence: The Psychology Of Persuasion.* Revised Edition.

Covey, S. R. (o.D.). *The Seven Habits of Highly Effective People.*

Daskal, L. (14. June 2018). *How to Leave A Great Leadership Legacy.* https://www.lollydaskal.com/leadership/how-to-leave-a-great-leadership-legacy/

Drucker, P. F. (1996). *Your Leadership Is Unique.*

FemTech Leaders. (2021). *7 influencial leaders who changed the world.* https://www.femtechleaders.com/

Feser, C. (2016). The Science of Influence. In *Decoding inspirational Leadership.* Wiley. https://www.mckinsey.com/

Gillis, G. (2014). *10 Great Communicators of the Modern Era.* http://www.geraldgillis.com/10-great-communicators-modern-era/

Goleman, D. *The Power of Influence*. Korn Ferry. https://www.kornferry.com/

Hall, A. und Barrett, L. (o.D.). *Influence: The Essence of Leadership.*

Heathfield, S. M. (2021). *What Makes a Leader Inspirational? If You Inspire Great Performance, You're a True Leader.* The Balance Careers. https://www.thebalancecareers.com/

Holden Rovers, L. (o.D.) *Three Easy Steps to Positively Influence Others.* Workplace Matters. https://www.workplacematters.ca/three-easy-steps-to-positively-influence-others/

Iwakiri, A., Hubmer, C. (2020). *One More on Power and Influence.*

Jackson, T. (2017). *Leadership Skills: Persuasion and Influence.* About Leaders. https://aboutleaders.com/

Kiger, D. (2017). *CEOs and the Art of Inspirational Leadership.* Business 2 Community. https://www.business2community.com/leadership/

Kuhel, B. (2017). *Power Vs. Influence: Knowing The Difference Could Make Or Break Your Company.* Forbes. https://www.forbes.com/

Kurter, H. L. (2020). *7 Powerful Characteristics Of A Truly Inspirational Leader.* Forbes. https://www.forbes.com/

Krakoff, P. (o.D.). *Leadership by Persuasion: Four Steps to Success.* Impact Factory. https://www.impactfactory.com/

Le, K. (2013) *Common influence tactics.* Agile Vietnam. https://agilevietnam.com/

Leading Effectively Staff. (2020). *Master the 3 Ways to Influence People.* CCL. https://www.ccl.org/

Llopis, G. (2014) *5 Ways A Legacy-Driven Mindset Will Define Your Leadership.* Forbes. https://www.forbes.com/

Lumen Learning. (2012). *The Power to Influence: Organizational Behavior.* https://courses.lumenlearning.com/

Maksimava, M. (2017). *6 science-backed ways to use emotional persuasion in marketing (with examples).* https://awario.com/

Mills, G. R. (5. Mai 2017). *Mastering The Five C's Of Influential Communication.* Forbes. https://www.forbes.com/

Mind Tools Content Team. *What Is Leadership?* Mindtools.com. https://www.mindtools.com/

Morgan, B. (2019). *The 10 Habits Of Transformational Leaders.* Forbes. https://www.forbes.com/

Morley, K. et al. (2019). *How to effectively influence collaboration: Leadership Coaching Melbourne.* https://www.karenmorley.com.au/influence-collaboration/

Mulllin, S. (2020). *The Advanced Guide to Emotional Persuasion*. Cxl.com. https://cxl.com/

Rampton, J. (o.D.). *7 Tips to Make a Positive Change in Your Life*. https://www.inc.com/john-rampton/7-tips-to-make-a-positive-change-in-your-life.html

Riboldi, J. (o.D.). *5 Ways You Can Influence Positive Change at Work and in Life*. Ivy Exec. https://www.ivyexec.com/

Sagor, R., Rickey, D. (2012). The Relentless Pursuit of Excellence: Lessons From a Transformational Leader. Corwin Press.

Scott, T. (2015). *How to Use Emotional Triggers to Increase Conversions*. Conversion Sciences. https://conversionsciences.com/how-to-use-emotional-triggers-to-increase-conversions/

Smurfit Executive Development. (o.D.). *Communication for Influence and Impact*. UCD Smurfit School. https://www.smurfitschool.ie/

Stack, L. *Rational Persuasion: An Effective Tool for Turning Your Ideas into Our ideas*. (2016). The Productivity Pro.
https://theproductivitypro.com/

Steever, S. (2021). *Micro-Influencers Have A Story To Tell: Can They Help You Tell Yours?* Forbes. https://www.forbes.com/

Sunstein, C. R. (2016). The Ethics of Influence: Government in the Age of Behavioral Science. Cambridge University Press.

Tamm, J. *Collaborative Influence*. (o.D.). Radical Collaboration. https://www.radicalcollaboration.com/

Upchurch, D. (2017). *3 Ways to Live Your Leadership Legacy*. Training Industry. https://trainingindustry.com/

Villanova University. (2021). *What is Ethic Leadership?*
https://www.villanovau.com/

Wooll, M. (2021). *Power versus influence: How to build a legacy of leadership*. BetterUp.
https://www.betterup.com/

Zenger, J, Folkman, J. (20. Juli 2015). *7 Things Leaders Do to Help People Change*. Harvard Business Review.
https://hbr.org/2015/07/

BILDNACHWEISE

Unsplash. (o.D.-a). *Foto von Alex Kotliarskyi auf Unsplash.* Unsplash.com. https://unsplash.com/photos/QBpZGqEMsKg

Unsplash. (o.D.-b). *Foto von Alexander Mils auf Unsplash.* Unsplash.com. Abgerufen am 13. Oktober 2021, von https://unsplash.com/photos/q2d6ebk7xms.

Unsplash. (o.D.-c). *Foto von Brooke Cagle auf Unsplash.* Unsplash.com. https://unsplash.com/photos/-uHVRvDr7pg

Unsplash. (o.D.-d). *Foto von Brooke Lark auf Unsplash.* Unsplash.com. https://unsplash.com/photos/nMffL1zjbw4

Unsplash. (o.D.-e). *Foto von Campaign Creators auf Unsplash.* Unsplash.com. Abgerufen am 13. Oktober 2021, von https://unsplash.com/photos/gMsnXqILjp4

Unsplash. (o.D.-f). *Foto von Chase Clark auf Unsplash.* Unsplash.com. https://unsplash.com/photos/dGqWUPPesrQ

Unsplash. (o.D.-g). *Foto von Christin Hume auf Unsplash.* Unsplash.com. Abgerufen am 13. Oktober 2021, von https://unsplash.com/photos/mfB1B1s4sMc

Unsplash. (o.D.-h). *Foto von Christina @ wocintechchat.com auf Unsplash.* Unsplash.com. Abgerufen am 13. Oktober 2021, von https://unsplash.com/photos/Q80LYxv_Tbs

Unsplash. (o.D.-i). *Foto von Cindy Liu auf Unsplash.* Unsplash.com. Abgerufen am 13. Oktober 2021, von https://unsplash.com/photos/rPLr6UB5ObM

Unsplash. (o.D.-j). *Foto von Clayton Cardinalli auf Unsplash.* Unsplash.com. Abgerufen am 13. Oktober 2021, von https://unsplash.com/photos/GwOqUzrDSRM

Unsplash. (o.D.-k). *Foto von Cytonn Photography auf Unsplash.* Unsplash.com. https://unsplash.com/photos/n95VMLxqM2I

Unsplash. (o.D.-l). *Foto von Elijah Macleod auf Unsplash.* Unsplash.com. Abgerufen am 13. Oktober 2021, von https://unsplash.com/photos/9xaLKZvYxnA

Unsplash. (o.D.-m). *Foto von Gabrielle Henderson auf Unsplash.* Unsplash.com. Abgerufen am 13. Oktober 2021, von https://unsplash.com/photos/HJckKnwCXxQ

Unsplash. (o.D.-n). *Foto von Kaleidico auf Unsplash.* Unsplash.com. https://unsplash.com/photos/3V8xo5Gbusk

Unsplash. (o.D.-o). *Foto von Mika Baumeister auf Unsplash*. Unsplash.com. Abgerufen am 13. Oktober 2021, von https://unsplash.com/photos/LaqL8nxiacc

Unsplash. (o.D.-p). *Foto von Nick Fewings auf Unsplash*. Unsplash.com. Abgerufen am 13. Oktober 2021, von https://unsplash.com/photos/5RjdYvDRNpA

Unsplash. (o.D.-q). *Foto von Stanley Dai auf Unsplash*. Unsplash.com. Abgerufen am 13. Oktober 2021, von https://unsplash.com/photos/73OZYNjVoNI

Unsplash. (o.D.-r). *Foto von You X Ventures auf Unsplash*. Unsplash.com. https://unsplash.com/photos/Oalh2MojUuk

Unsplash. (2019). *Ein tiefes Verständnis der Prob…. HD-Foto von Headway (@headwayio) auf Unsplash*. Unsplash.com. https://unsplash.com/photos/5QgIuuBxKwM